Pia Herzog

Gehe nicht über Los …
Ein tödliches Spiel

Pia Herzog

Gehe nicht über Los …

Ein tödliches Spiel

Rediroma-Verlag

Bibliografische Information der Deutschen Nationalbibliothek:
Die Deutsche Nationalbibliothek verzeichnet diese Publikation in der Deutschen Nationalbibliografie; detaillierte bibliografische Daten sind im Internet über http://portal.dnb.de abrufbar.

ISBN 978-3-98885-020-1

www.rediroma-verlag.de
9,95 Euro (D)

INHALT

DANKSAGUNG

An dieser Stelle möchte ich allen Menschen danken, die mir in meinem Leben begegnet sind, die mir so viel Inspiration gegeben und es somit ermöglicht haben, so viel Fantasie zu entwickeln. Besonderer Dank gilt meinen Freunden und meiner Familie, die mich immer wieder durch anregende Gespräche ermutigt haben, ein weiteres Buch zu schreiben und letztlich zu veröffentlichen.

Danke für die Zeit. Danke, dass es euch gibt!

Ein weiterer Dank geht an Herrn Daniel Bieter vom Verlag, für die professionelle und tolle Zusammenarbeit.

1. Sind Sie Petra Ingmann?

Als ich mit meinem flauschigen, rosa Handtuch um meinen Körper gehüllt noch die angenehme Wärme des Wasserdampfs auf meiner Haut spürte, ertönte plötzlich das Klingeln an meiner Tür. Ich war überrascht, denn es ist ungewöhnlich, um diese Zeit Besuch zu bekommen. Es war neun Uhr morgens. Fast vorm Aufstehen. Neugierig und ein wenig verwirrt ging ich zur Tür, während im Hintergrund das Radio mein Lieblingslied von Helene Fischer, „Atemlos durch die Nacht„, spielte und meine Stimmung an diesem frühen Morgen sofort aufhellte.

Ich öffnete die Tür und stand plötzlich zwei uniformierten Polizisten gegenüber. Ihre ernsten Gesichter und die Autorität, die von ihnen ausging, ließen mich einen Moment lang erstarren. Ich versuchte, meine Verwirrung zu verbergen, und fragte höflich: „Ja, bitte, was kann ich für Sie tun?„

Der kleinere Polizist betrachtete mich von oben bis unten und stellte die Frage, die mich innerlich aufhorchen ließ: „Sind Sie Petra Ingmann?“

Ich war überrascht von dieser direkten Frage und antwortete verwirrt: „Ja, das bin ich. Aber ich verstehe nicht, warum Sie das wissen möchten. Ist etwas passiert?“

Während ich versuchte, die ungewöhnliche Situation zu verarbeiten, erfüllte die Melodie meines Lieblingsliedes den Raum und das Radio schien die unwirkliche Situation noch surrealer zu machen. Helene sang gerade: „Wir sind unzertrennlich, irgendwie unsterblich. Komm, nimm meine Hand und geh mit mir.“

Der größere Polizist, der sich als Herr Schulz vorstellte, trat vor und antwortete mit ernster Miene: „Wir möchten Sie abholen, zu einer Gegenüberstellung auf unserem Revier. Bitte ziehen Sie sich etwas an.“

Ein plötzlicher Schauer lief mir über den Rücken, während mein Herzschlag sich beschleunigte. Der Rhythmus des Liedes schien sich mit meinem Puls zu vereinen, und ich kämpfte gegen die aufkommende Welle der Angst an, die mich zu überrollen drohte.

Ich stottere schockiert: „Weshalb denn eine Gegenüberstellung? Was soll ich denn getan haben?“

Herr Schulz blieb unerbittlich und erwidert: „Sie werden beschuldigt, jemanden getötet zu haben. Die Details können wir später klären, aber im Moment müssen Sie dem vorläufigen Haftbefehl Folge leisten. Bitte ziehen Sie sich etwas an.“

Während das Lied von Helene Fischer weiter im Hintergrund spielte, versuche ich verzweifelt, meine Gedanken zu sammeln und meine Unschuld zu beteuern. Mein Verstand geriet in einem Wirbelwind aus Verwirrung, Panik und Verzweiflung.

Ich schlüpfte in meine Bluejeans und ein rot-weiß gestreiftes T-Shirt. Das Radio wurde kurzerhand ausgeschaltet, der letzte Schluck Kaffee geleert und die Tasse wie gewohnt in den Geschirrspüler gestellt. Mit meinem Haustürschlüssel in der Hand folgte ich den Beamten zum Streifenwagen, der vor meiner Tür parkte.

„Frau Ingmann, können wir auf Handschellen verzichten, oder möchten Sie unsere Fitness testen? Ich hoffe, doch nicht?“, scherzte einer der Beamten.

„Nein, ich werde nicht weglaufen! Sport war noch nie meine Stärke!“, antwortete ich.

In diesem Moment bemerkte ich meine Nachbarin, Frau Peters, die mit ihrem Rauhaardackel „Emma“ Gassi ging. Oh nein, auch das noch! Ich schaute zu Boden. Ausgerechnet die Peters musste mich sehen, morgen war ich bestimmt das Gesprächsthema Nr. 1 in unserer Straße. Ich konnte förmlich hören, wie sie jedem im Haus, genüsslich erzählen würde, dass ich von der Polizei im Streifenwagen abgeholt wurde.

Als wir auf der Polizeiwache ankamen, wurde es auch nicht besser. Ein Junkie brabbelte vor dem Tresen irgendetwas Unverständliches, während eine offensichtliche Prostituierte, kurzer Lederrock, eine weiße Bluse, die Brüste hingen fast raus, laut schrie: „Der Wichser hat nicht bezahlt, aber mit uns kann man es ja machen!“ Eine ältere Dame saß weinend vor dem Tresen auf einem Stuhl und sagte: „Ich hatte Hunger, meine Rente reicht nicht, dann steckt mich doch ins Gefängnis dort bekomme ich immerhin regelmäßig zu essen.“ Ich senkte meinen Blick und hoffte, dass mich niemand erkennen würde. Ich wollte auch niemanden erkennen.

Herr Wagner, der kleinere Polizist, führte mich in ein kleines, abgeschiedenes Zimmer auf der Wache. Es sah genauso aus, wie man es aus dem Fernsehen kennt. Ein Tisch, drei Stühle und am Ende der Wand konnte man zu einem kleineren Zimmer schauen, wo neun Frauen in Reih und Glied standen. Ich dachte in diesem Moment, dass ich wohl träume, und wünschte, ich würde sofort aufwachen. Doch dann holte mich die Realität ein. „Frau Ingmann, bitte nehmen Sie dieses Schild“, welches mir Herr Wagner in die Hand drückte, „mit der Nummer 4 vor Ihre Brust und stellen Sie sich einfach hinten an.“ Er öffnete die Tür zu dem noch kleineren Nebenraum, in dem die neun Frauen standen. Manche waren größer als ich, andere kleiner. Es gab Blondinen, Brünette, Frauen mit blonden Haaren wie ich, gewellt oder glatt. Ich reihte mich ganz links ein. Die Nummern waren nicht sortiert. Herr Wagner verließ den Raum und drückte vom Nebenraum, in dem ich zuvor gewesen war, einen Lautsprecherknopf. „So, meine Damen, bitte alle einmal geradeaus schauen und nicht reden“, erklang eine Stimme aus dem Lautsprecher. Nach kurzer Zeit ertönte erneut die Stimme: „So, meine Damen, bitte noch einmal alle nach rechts drehen, schön langsam bitte. Da das so gut funktioniert hat, bitte alle noch einmal nach links drehen. Vielen Dank meine Damen, Sie dürfen nun alle wieder herauskommen.“

Herr Wagner holte mich persönlich ab und führte mich zurück in den kleinen Nebenraum, der nur einen Tisch und drei Stühle enthielt. Die Anspannung in der Luft war deutlich spürbar. Ich setzte mich nervös auf den Stuhl und versuchte, meine Gedanken zu sammeln.

„Ich versichere Ihnen, dass ich unschuldig bin! Ich habe nichts getan! Was soll ich denn überhaupt getan haben? Es muss ein schrecklicher Irrtum sein! Bitte, glauben Sie mir!“, flehe ich mit zittriger Stimme.

Herr Schulz blieb stoisch und erklärte: „Wir werden Ihre Aussage überprüfen, Sie können auch gerne einen Rechtsbeistand ihrer Wahl anrufen.

„Frau Ingmann, können Sie sich erinnern, wo Sie am Sonntag, den 10. Juni 2022, gegen 9:30 Uhr waren?“, fragte Herr Wagner mich mit ernstem Blick.

Ich versuchte mich zu erinnern und antwortete: „Ja, ich war zu Hause um diese Zeit. Alleine.“ Meine Stimme zitterte leicht, und die Unsicherheit in mir wuchs mit jeder Frage.

„Haben Sie jemanden, der Ihre Anwesenheit bestätigen kann?“, fragte Herr Wagner weiter.

Ich spürte, wie mein Herz schneller schlug. Die Bedeutung der Fragen wurde mir immer klarer. „Nein, ich war alleine zu Hause. Ich kann niemanden nennen, der meine Anwesenheit bestätigen kann. Aber warum fragen Sie mich das? Was ist passiert?“

Herr Wagner sah mich einen Moment lang schweigend an und schien die richtigen Worte zu suchen. Dann sagte er mit bedrückter Stimme: „An diesem Tag wurde Herr Karl Kaufner ermordet. Wir haben Informationen, die darauf hindeuten, dass Sie ihn gekannt haben. Können Sie uns erklären, wie Ihre Beziehung zu Herrn Kaufner aussah?“

Ein Schwall von Gefühlen durchströmte mich in diesem Moment. Schock, Verwirrung und tiefe Trauer mischten sich in meinem Inneren. Karl, mein Karl, war tot? Das erklärte, warum er sich nicht mehr gemeldet hatte, warum ich keine Nachrichten von ihm erhalten hatte. Es war, als würde der Boden unter mir weggerissen.

„Karl …“ Es entstand eine kleine Pause. „Er war mein Freund. Wir waren seit anderthalb Jahren zusammen. Aber ich habe ihn seit einiger Zeit nicht mehr gesehen. Ich wusste nicht, dass er tot ist“, flüsterte ich mit gebrochener Stimme und spürte, wie sich ein Schmerz in meiner Brust ausbreitete.

Herr Wagner fragte mit einem Ausdruck, der meine Ängste nur verstärkte: „Wann haben Sie Herrn Kaufner das letzte Mal gesehen?“

„Ich muss überlegen, ich bin mir nicht sicher. Es ist wohl schon etwas her“, antwortete ich zittrig und verzweifelt und versuchte, meine Erinnerungen zu ordnen. Mein Herz pochte wild in meiner Brust, während die Gewissheit langsam über mich hereinbrach.

Dann fuhr Herr Wagner mit einem Hauch von Vorwurf fort: „Lassen Sie mich Ihnen auf die Sprünge helfen, Frau Ingmann. Eine Nachbarin von Herrn Kaufner hat beobachtet, wie Sie am Sonntagmorgen, dem 10. Juni 2022, aus der Wohnung von Herrn Kaufner gelaufen sind. Sie meinte, Sie hätten es sehr eilig gehabt. Können Sie sich nun erinnern?“ Seine Worte durchdrangen mich wie ein eisiger Wind, der jede Hoffnung auf eine einfache Erklärung zerstörte.

Die Tränen stiegen mir in die Augen, als die Worte nur schwer über meine Lippen kamen: „Ich ... ich kann mich erinnern. Aber ich habe nichts mit seinem Tod zu tun. Bitte glauben Sie mir!"

Die Realität schien sich vor meinen Augen zu verdunkeln, während Herr Wagner mir mit kühler Sachlichkeit erklärte: „Vielleicht ist es an dieser Stelle besser, Ihren Anwalt anzurufen. Ich denke, eine Pause bis zu dessen Eintreffen wäre sowohl für Sie als auch für uns sinnvoll. Sie dürfen hier auf Ihren Anwalt warten. Nur damit Sie Bescheid wissen, der Raum wird videoüberwacht und ist abgesichert. Nur für den Fall, dass Sie versuchen sollten, sich abzusetzen."

Seine Worte ließen meine Verzweiflung noch größer werden. Tränen strömten unaufhörlich über meine Wangen, als ich mit zitternden Händen das dienstliche Polizei-Telefon nahm, um Henry, meinen Anwalt, anzurufen. Mein Handy, Schmuck, Uhr, Kette und Armband waren mir zuvor abgenommen worden, als das Verhör begann. In diesem Moment fühlte ich mich wie in einem albtraumhaften Strudel gefangen, der mich mit jeder Sekunde tiefer zu ziehen schien. Henry war mein einziger Halt in dieser verstörenden Realität. Er war nicht nur mein Anwalt, sondern auch ein langjähriger enger Freund. Mit zittriger Stimme wählte ich seine

Nummer und hoffte inständig, dass er mich aus dieser Situation befreien konnte.

„Henry, wie schön, dich zu hören. Du wirst mich hier herausholen, oder?“, schluchzte ich, meine Worte von Tränen erstickt.

„Nun, beruhige dich erst einmal, Petra“, antwortete Henry sanft. „Erzähle mir erst einmal, wo du bist und warum du so aufgelöst bist.“

Ich versuchte, meine Gedanken zu sammeln und Henry von den Ereignissen zu berichten. „Heute Morgen kamen zwei Polizeibeamte zu mir nach Hause und teilten mir mit, dass Karl am 10. Juni ermordet wurde. Eine Nachbarin von Karl behauptet, mich am Sonntagmorgen bei ihm gesehen zu haben.“

„Stimmt das, Petra? Warst du bei Karl?“, fragte Henry mit ernstem Tonfall.

„Ja, ich war dort, aber als ich gegangen bin, lebte er noch“, schluchzte ich leise. „Ich habe keine Ahnung, wie und wann er umgebracht wurde.“

Henry nahm sich einen Moment Zeit, um die Informationen zu verarbeiten. „Gut, dann fahre ich sofort zum Revier. Ich möchte zunächst mit den Beamten sprechen. Ich werde bei deiner Aussage dabei sein, aber bitte beachte, dass du nichts sagen musst, was dich selbst belasten könnte. Verstehst du, was ich damit meine?“

„Henry, womit sollte ich mich belasten? Ich bin unschuldig!“, antwortete ich mit zitternder Stimme, meine Verzweiflung war deutlich spürbar.

Henry seufzte erneut, während er mir versuchte, Mut zu machen. „Ich verstehe deine Sorge, Petra. Aber wir müssen vorsichtig sein und nichts überstürzen. Gemeinsam werden wir diese Vorwürfe widerlegen und deine Unschuld beweisen. Ich werde jetzt zum Revier kommen. Welches Revier war es noch mal?“

„Ich bin auf dem 12. Revier in der Herschelstraße 1.“

Henry hielt wie immer sein Wort und kam nach einer Stunde im Verhörraum an, wo ich bereits seit drei Stunden festsaß. Unsere Begrüßung fiel diesmal spärlich aus, wir schüttelten uns nur die Hände, anstatt uns zu umarmen. Die Atmosphäre war angespannt.

Henry fand als Erster seine Sprache wieder. „Also, Petra, du wurdest von einer Nachbarin gesehen, wie du mit eiligen Schritten Karls Wohnung verlassen hast. Diese Nachbarin hat dich vorhin eindeutig identifiziert! Kannst du mir sagen, warum du an diesem Tag so gehetzt warst?“

„Ich hatte Karl schon seit längerer Zeit nicht mehr gesehen und war verärgert darüber, dass er in letzter Zeit überhaupt keine Zeit mehr für mich hatte.

Immer hatten andere Dinge Vorrang. Ich fuhr zu ihm, um mit ihm zu sprechen. Aber während unseres Gespräches habe ich die Beziehung zu Karl beendet“, erklärte ich.

„Hat er das einfach so hingenommen oder gab es Streit?“, fragte der Polizeibeamte.

„Karl war an diesem Tag sehr distanziert und meinte nur, ich solle tun, was ich tun müsse“, antwortete ich. „Das hat mich schon geärgert. Ich hatte das Gefühl, es sei ihm sogar recht, dass ich die Beziehung beendet habe.“

„Und dann haben Sie einfach den erstbesten Gegenstand genommen und auf Herrn Kaufner eingeschlagen“, warf der Polizeibeamte ein.

„Nein, welchen Gegenstand denn überhaupt?“, entgegnete ich verwirrt.

„Das werden wir noch herausfinden. Wir haben das Tatwerkzeug bisher nicht gefunden. Ach ja, wir haben einen richterlichen Durchsuchungsbeschluss und durchsuchen nun Ihre Wohnung“, erklärte der Polizeibeamte.

„Henry, dürfen sie das einfach ohne meine Anwesenheit?“, fragte ich besorgt.

„Ja, Petra, das dürfen sie. Es ist gut, wenn bei dir nichts gefunden wird, das entlastet dich auch“, antwortete Henry und versuchte, mir etwas Hoffnung zu machen.

Die Anspannung wurde durchbrochen, als plötzlich eine weitere Polizistin den Raum betrat. Lisa Schmidt, Polizeioberkommissarin, eine energische junge Frau Anfang 30, mit kurzem blondem Haar und einer selbstbewussten Ausstrahlung. Sie flüstert Herrn Wagner etwas ins Ohr, während sie mit einem geheimnisvollen Blick verschwand. Meine und die Blicke der Anwesenden folgen ihr, verwundert über ihr Auftauchen und Verschwinden.

Herr Wagner wandte sich mir zu und fragte: „Frau Ingmann, haben Sie Ihr Handy dabei?"

Ich zögerte, denn ich hatte es vor dem Verhör abgeben müssen. „Ja und nein, ich musste es vorhin abgeben", antwortete ich leise.

„Ach, stimmt, ich lasse es holen", erwiderte er gelassen. Nach etwa fünf Minuten brachte Lisa, die Polizistin, mein Handy herein. Es fühlte sich seltsam an, mein persönliches Handy in den Händen der Polizei zu sehen.

„Bitte öffnen Sie den Chatverlauf mit Karl Kaufner", bat Herr Wagner.

Meine Stimme bebte, als ich antwortete: „Nein, das kann ich leider nicht, ich habe den Chatverlauf gelöscht" Ich senkte den Kopf, gefangen in einem Gefühl der Hilflosigkeit. Herr Wagner musterte mich mit triumphierendem Blick. „Ach, da schau her? Dachte ich es mir doch!", spottete er. „Wir haben das Handy von Herrn Karl Kaufner gefunden und konnten im Chatverlauf lesen, dass er, Herr Kaufner, genau am 15. Mai die Beziehung zu Ihnen beendet hat." Seine Worte ließen mich erstarren. „Sagten Sie nicht gerade, Sie haben die Beziehung am Sonntag, den 10. Juni, beendet?"

„Das spielt doch gar keine Rolle, wer die Beziehung beendet hat, dann habe ich dem Ende eben am Sonntag zugestimmt oder einfach nur wiederholt. Was macht das denn für einen Unterschied?", fragte ich.

Alle blickten mich an. Herr Wagner fand als Erstes seine Sprache wieder. „Was genau meinten Sie, Frau Ingmann, mit der Aussage in ihrem Chatverlauf, Ihr Freund wird das noch bereuen?", fragte Herr Wagner scharf nach.

Ich stammelte: „Na ja, wie man das halt so sagt. Er wird bereuen, dass er mich verlassen hat, weil wir doch so gut zusammengepasst haben."

„Na, das sah Herr Kaufner wohl nicht so, sonst hätte er die Beziehung zu Ihnen nicht vorher schon beendet. Man kann auch die getroffene Aussage von Ihnen, das wirst du bereuen, anders verstehen, nämlich dass er die Trennung mit seinem Leben bezahlen musste, weil Sie die Trennung nicht einfach hinnehmen wollten. Haben Sie Ihren Freund erschlagen? Stimmt das so, Frau Ingmann?"

Der Raum erfüllte sich mit einer bedrückenden Stille. Die Worte hingen wie eine bedrohliche

Wolke über mir. Henry, mein Anwalt, sprang erregt auf: „Das ist eine ungeheure Unterstellung!"

Doch Herr Wagner blieb unbeeindruckt. „Diese Äußerung von Ihrer Mandantin und die eindeutige Wiedererkennung bei der Gegenüberstellung ist nun aber der Grund, warum Frau Ingmann in Untersuchungshaft genommen wird, bis zur Klärung des Falls und bis wir das Umfeld von Frau Ingmann genauer verhört haben."

Mein Magen verkrampfte sich vor Übelkeit. „Ins Gefängnis? Aber ich habe doch nichts getan! Bitte, wie oft muss ich das noch beteuern?", flehte ich verzweifelt.

„Beruhige dich, Petra. Ich verspreche dir, spätesten in ein paar Tagen wirst du wieder zu Hause sein", versuchte Henry mich zu beruhigen.

Die Tränen brachen aus mir heraus, und ich weinte bitterlich. Die ganze Welt schien sich gegen mich verschworen zu haben. Meine Zukunft, meine Arbeitsstelle – alles brach in diesem Moment zusammen. Doch Henry versprach mir, sich darum zu kümmern.

2. Gehe nicht über Los …

Ich wurde unverzüglich ins Untersuchungsgefängnis gebracht. Die kalten Gänge waren mit gedämpftem Licht beleuchtet, was die bedrückende Atmosphäre verstärkte. Als ich meinen Weg zum Zellentrakt entlangging, spürte ich, wie die Blicke der anderen Insassen auf mir lagen. Die Enge des Gefängnisses und der Klang von klirrenden Schlüsseln erfüllten die Luft.

Bevor ich meine Kleidung abgeben musste, wurde eine Insassenakte angelegt. Meine Größe wurde gemessen. Meine Körpergröße wurde auf 165 cm festgestellt, mein Gewicht betrug 62 kg. Meine Augenfarbe wurde als grün und meine Haarfarbe als blond mit Strähnchen beschrieben. Mein Geburtsdatum, der 14. Dezember 1969, wurde ebenfalls erfasst. Da ich eine Brille trug, wurde dies in meine Gefängnisakte aufgenommen. Zum Schluss wurde ein Bild von mir mit einer alten Polaroidkamera gemacht. Ich war mir sicher, das war nicht das schönste Bild von mir. Anschließend erhielt ich eine einfache und grobe Gefängnisuniform. Natürlich ohne Gürtel, denn alles, was als potenzielle Gefahr angesehen werden konnte, war strengstens verboten. Selbst meine Schuhe wurden mir abgenommen, um jegliche Möglichkeit zu beseitigen, dass ich etwas verbergen könnte. Henry versicherte mir, dass er morgen meine eigenen

Kleidungsstücke und Toilettenartikel vorbeibringen würde, um mir ein bisschen Komfort in dieser unwirklichen Umgebung zu ermöglichen.

Eine Frau mittleren Alters begleitete mich zu meiner vorübergehenden „Bleibe“ für die nächsten Wochen, Monate oder Jahre? Sie zeigte keinerlei Regung in ihrem Gesicht, als sie mir den Raum präsentierte. „Hier ist Ihr vorläufiges Zuhause“, sagte sie monoton, öffnete die Zellentür und ließ mich hineingehen. Ich betrat eine winzige Einzelzelle mit einem Waschbecken, einer Toilette und einem Bett. Ein kleiner Nachtisch, ein Schreibtisch und ein Stuhl vervollständigten die spärliche Einrichtung. Die Zelle maß höchstens 4 x 3 Meter. Gegenüber befand sich ein Fenster, jedoch viel zu hoch platziert, um einen Blick nach draußen zu erhaschen. Ich konnte lediglich den wolkenfreien Himmel erkennen. Der Geruch in der Zelle war mir fremd und ließ mich erschaudern – es roch alt und muffig. Nie zuvor hatte ich mir Gedanken gemacht, wie es in einer Gefängniszelle aussieht oder riecht. Jetzt jedoch, als ich selbst Gefangene war, empfand ich die Zelle als beengend und erniedrigend. An der Wand, wo sich der Schreibtisch befand, bemerkte ich, dass eine vorherige Insassin die vergangenen Tage abgestrichen hatte. Ich zählte nach und es waren 176 Tage. Die Bedeutung dieser Zahl verstärkte meine Verzweiflung, und ich brach erneut in Tränen aus.

Die Zeit in meiner Zelle verging quälend langsam, und ich konnte das Ticken der Uhr förmlich hören, obwohl es keine Uhr in dem Raum gab. Irgendwann kam die Wärterin „Hexe“, wie ich sie für mich selbst nannte. Sie führte mich in den Speisesaal, einen riesigen großen Raum, nüchtern eingerichtet, mit einem langen Tresen, Tische in unterschiedlicher Größe, Zweiertische, Vierertische und Achtertische, wo das Abendessen eingenommen wurde.

„Freie Platzwahl! Nehmen Sie sich einen Teller, setzen Sie sich und am besten halten Sie den Mund!“, kommandierte sie mit eisiger Autorität. Ich nahm einen Teller und füllte ihn mit zwei trockenen Scheiben Brot, eine mit Käse und die andere mit Bierschinken. Einen Moment lang überlegte ich, ob ich den widerlichen Schinken wieder vom Brot nehmen sollte.

Garniert war der Teller mit zwei Gurkenscheiben. Ich nahm Platz an einem Tisch für acht Personen, an dem nur zwei Frauen saßen. Die eine war etwa Mitte fünfzig mit dunkelbraunen, gewellten Haaren, die ihr bis zur Schulter reichten. Die andere war ein junges Mädchen, vielleicht Anfang zwanzig, mit raspelkurzen Haaren und zahlreichen Piercings um Mund und Nase.

„Ist der Bierschinken nichts für dich?“, fragte das junge Mädchen am Tisch.

„Nein, wenn du möchtest, kannst du ihn haben“, antwortete ich.

„Gib her, die Scheibe!“

Ich stand auf und wollte ihr gerade den Bierschinken reichen, als die Wärterin, die ich insgeheim als Hexe bezeichnete, laut schrie: „Was gibt es daran nicht zu verstehen? Setzen und den Mund halten!“

Sofort nahm ich wieder Platz und warf die Scheibe Bierschinken quer über den Tisch, zu der jungen Frau. Sie grinste nur und zeigte mit dem Daumen nach oben. Die ältere Frau mit den braunen Haaren schaute nicht einmal auf. Es schien sie nicht im Geringsten zu interessieren, was hier im Speisesaal vor sich ging.

Während des Essens gesellten sich zwei weitere Frauen zu unserer Gruppe. Niemand sprach, aber es wurden Blicke ausgetauscht. Die Atmosphäre war unwirklich und ich fühlte mich unwohl. Endlich erklang ein Signal im Speisesaal, das bedeutete, dass alle Gefangenen zurück in ihre Zellen mussten. Also stand auch ich auf und folgte den anderen. Die Wärterin erklärte mir, dass die Zellentüren für eine Stunde offenbleiben würden und wir uns mit anderen Gefangenen auf dem Gang oder in unseren Zellen austauschen könnten, wenn wir wollten. Ich hatte bemerkt, dass einige Frauen vor ihren Zellentüren stehen blieben und leise Gespräche führten. Es gab auch Mehrbettzellen, aber ich war froh, dass ich alleine sein durfte.

Gerade als ich in meine Zelle ging, die Tür stand noch offen, betrat plötzlich das junge Mädchen, das gerade noch mit mir am Tisch gesessen hatte, meine Zelle. Mit ihrem wilden Haarschnitt, den vielen Piercings um Mund und Nase und ihrem jugendlichen Charme strahlte sie eine gewisse Unbeschwertheit aus. „Hey, ich bin Kathy. Vielen Dank für die Scheibe Bierschinken. Wie heißt du?“, sprudelte sie mit jugendlicher Lockerheit heraus. Ein kleiner Funke Neugierde mischte sich in ihre Stimme.

Ich fühlte mich von ihrer lebhaften Art ein wenig überrumpelt und antwortete etwas steif: „Ich bin Petra.“ Es war schwer, meine eigenen Sorgen und Ängste hinter der kühlen Fassade zu verbergen, die ich mir hier in der kurzen Zeit, im Gefängnis zugelegt hatte.

Kathy schien jedoch unbeeindruckt und lachte fröhlich. „Na, Petra, was hat dich hierher verschlagen?“ Sie warf einen Blick auf die grobe Gefängnisuniform, die ich tragen musste, und ihre Augen funkelten vor Neugier. „Du siehst aus, als hättest du eine interessante Geschichte zu erzählen.“

Ein Seufzen entkam meiner Kehle. „Es ist ein Missverständnis. Ich bin unschuldig“, sagte ich leise.

Doch Kathy schien meine Worte nicht ernst zu nehmen und kicherte weiter. „Klar, das sagen sie alle hier. Aber mal im Ernst, was hast du wirklich angestellt?“

„Mir wird vorgeworfen, meinen Freund oder besser gesagt Ex-Freund umgebracht zu haben“, erklärte ich, während meine Stimme leiser wurde. Ein beklemmendes Gefühl machte sich in meiner Brust breit, als ich an die Anschuldigungen und die drohende Haftstrafe dachte.

Kathy schaute mich für einen Moment ernst an, bevor sie in schallendes Gelächter ausbrach. „Wow, eine echte Mörderin! Das hätte ich nicht erwartet. Eigentlich dachte ich, solche Leute kommen in ein anderes Gefängnis, für die ganz harten Fälle“, sagte sie mit einem ironischen Unterton.

„Weshalb bist Du hier?“, fragte ich.

„Ich wurde zum wiederholten Mal beim Klauen erwischt. Dafür muss ich sechs Monate absitzen. Vier Monate sind schon vorbei. Die letzten beiden Monate sitze ich auf einer Backe ab. Wenn ich draußen bin, will mich mein Freund heiraten. Dann wird alles gut!“ Sie zwinkerte mir verschwörerisch zu und zuckte mit den Schultern. „Na ja, vielleicht höre ich dann einfach auf zu klauen oder werde einfach besser darin, nicht erwischt zu werden."

Ich versuchte ein Lächeln, obwohl sich meine Gedanken noch immer um meine eigene Unschuld drehten. Kathy wartete noch einen kleinen Augenblick, verschwand dann aber wohl in ihre eigene Zelle.

Bitte, Henry, hol mich hier raus!

3. Meine erst Nacht im Gefängnis

In meiner ersten Nacht im Gefängnis machte ich kein Auge zu. Die Geräusche waren überwältigend und schienen von allen Seiten auf mich einzustürzen. Es war, als ob die Wände des Gefängnisses alle Geräusche verstärkten und sie direkt in meine Zelle lenkten.

Ich hörte das leise Flüstern der Frauen aus den Mehrbettzellen, die sich in ihren Betten aneinanderschmiegten und ihre Liebe ausdrückten. Es war, als ob ihre zarten Berührungen und liebevollen Worte durch die dicken Gefängnismauern drangen und mich an eine Welt erinnerten, die ich nun verloren hatte.

Doch nicht nur die intimen Momente der Mitgefangenen drangen zu mir durch. Auch die banalsten Alltagsgeräusche wurden verstärkt. So vernahm ich plötzlich einen lauten und überaus lustigen Pups, der wie eine Fanfare durch die Zellenhallen hallte. Sofort brach ein ungehemmtes Gelächter unter den anderen Gefangenen aus, die sich köstlich über die unerwartete Situation amüsierten. Es schien, als hätte der Pups eine ganz eigene Persönlichkeit entwickelt und die Stimmung im Gefängnis auf den Kopf gestellt. So gab es kein Entkommen vor den Lauten und dem herzlichen Getuschel der anderen Insassinnen, die über dieses unerwartete, humorvolle Ereignis nicht mehr aufhören konnten zu kichern. Die Nacht verging quälend langsam, und ich fühlte mich wie gefangen in einer Welt voller fremder Geräusche und unbekannter Schicksale. Kein Flüstern, kein Stöhnen und kein Lachen blieben vor meinen Ohren verborgen. Es war eine akustische Tortur, die mich daran erinnerte, dass ich nun Teil dieses Gefängnisses war, mit all seinen unangenehmen Begleiterscheinungen.

Als der Morgen anbrach und die ersten Sonnenstrahlen durch das kleine Fenster meiner Zelle drangen, war ich erleichtert. Die Nacht war vorbei.

Um 6:15 Uhr ertönte ein lautes Signal und wir wurden alle zum Frühstück in den Speisesaal gerufen. Als Gewohnheitstier suchte ich mir den gleichen Tisch wie am Abend zuvor aus und setzte mich hin. Kathy gesellte sich ebenfalls dazu und nahm nun direkt neben mir Platz. Die ältere Frau mit den braunen Haaren setzte sich auch wieder an unseren Tisch. Kathy flüsterte mir zu: „Hast du einigermaßen geschlafen? Ich konnte die ersten drei Nächte kein Auge zu tun. Aber keine Sorge, man lernt hier zu schlafen und dennoch wachsam zu sein."

Ich schaute Kathi nur an, ohne ein Wort zu sagen. Ich war vorsichtig, da ich wusste, dass die Hexe schon wieder ein Auge auf mich hatte.

Kurz bevor das Frühstück zu Ende war, kam die „Hexe“ zu mir und sagte: „Bitte kommen Sie mit, Petra. Sie haben Besuch, Ihr Anwalt ist bereits hier.“

In diesem Moment empfand ich sogar etwas Sympathie für die Hexe. Ich sprang schnell von meinem Stuhl auf und folgte ihr. Wir mussten durch das halbe Gefängnis gehen, bis wir schließlich in einem Raum ankamen, der wieder nur einen Tisch, zwei Stühle und eine Uhr an der Wand hatte.

„Nehmen Sie bitte Platz, Petra. Ihr Anwalt wird gleich hier sein“, sagte die Hexe sachlich.

„Vielen Dank“, brachte ich nur knapp hervor. Endlich war Henry da. „Bitte, hol mich hier raus!“, schluchzte ich. Henry nahm mich in den Arm, doch die Hexe unterbrach uns hustend. „Bitte nicht berühren!“, mahnte sie uns streng.

„Ja, entschuldigen Sie“, säuselte Henry kleinlaut. „So, liebe Petra, ich habe dir eine leichte Garderobe mitgebracht und Kosmetik, alles, was ich im Badezimmer bei dir finden konnte“, sagte Henry, während er mir die Sachen überreichte. „Ich habe keine Ahnung, was ihr Frauen hier von alles benötigt, aber ich hoffe, es hilft dir ein wenig.“

Ich war dankbar für seine Fürsorge und konnte ein schwaches Lächeln nicht unterdrücken. Wenigstens hatte ich jetzt etwas Vertrautes bei mir, etwas, das mich ein Stückchen näher an die Welt außerhalb dieser Gefängnismauern brachte.

Nachdem Henry mir einige Utensilien gegeben hatte, teilte er mir weitere Informationen mit. „Ich hoffe, Petra, dass du mir bei einigen Fragen Antworten geben kannst. Zunächst einmal haben sie in deiner Wohnung keine Tatwaffe gefunden, nichts, womit Karl hätte erschlagen werden können. Die Polizei hat deine Wohnung wieder freigegeben. Das war die gute Nachricht. Die schlechte Nachricht lautet, dass Frau Ilka Graf ihre Aussage eidesstattlich unterschrieben hat, in der sie behauptet, dass sie dich am Sonntag, dem 10. Juni, gesehen hat. Es ist ärgerlich, dass du das nicht gleich bei deiner ersten Vernehmung den Polizisten mitgeteilt hast. Warum hast du so lange gewartet.?"

Bevor er seine Frage beenden konnte, unterbrach ich Henry. „Moment mal, wie heißt die Nachbarin von Karl? Hast du Ilka Graf gesagt?"

„Ja", antwortete er verwirrt. „Warum?"

„Das ist Karls neue Freundin. Ich wusste nicht, dass sie Nachbarn sind beziehungsweise waren." Diese Information überraschte mich.

„Wie kommst du darauf, dass Karl und Ilka Graf zusammen waren?", fragte Henry.

Petra zögerte einen Moment und antwortete dann: „Ich glaube, Karl hat es mir an jenem Sonntag erzählt, als ich bei ihm war."

Gerade als ich nach weiteren Details fragen wollte, unterbrach mich Henry erneut. „Warte, Petra. Wie kommst du darauf, dass Karl und Ilka Graf ein Paar waren?“

Ich hielt einen Moment inne und suchte in meinen Erinnerungen. „Ich glaube, Karl hat es mir persönlich an jenem Sonntag gesagt. Er sagte: Ich habe mich für eine andere Frau entschieden. Ich hoffe, dass wir uns auch nach der Trennung noch grüßen, wenn wir uns zufällig begegnen, und nicht einfach aneinander vorbeigehen. Das sollte auch für meine neue Freundin gelten. Ich fragte Karl dann, ob ich seine neue Freundin kenne, und er antwortete: Nein, ich glaube nicht, dass du Ilka Graf kennst oder schon einmal Kontakt mit ihr hattest.“ Ich schüttelte den Kopf und versuchte, meine Gedanken zu sortieren. „Ich verstehe nicht ganz, Henry. Warum ist das wichtig?“, fragte ich ihn.

Henry schaute mich ernst an und erklärte: „Nun, sieh mal, Petra, vielleicht hat Ilka Graf dich aus der Wohnung gehen sehen. Und was ist, wenn sie danach in Karls Wohnung war? Was ist, wenn Ilka Graf einen Schlüssel zu Karls Wohnung hat? Oder hatte? Vielleicht versucht sie etwas zu vertuschen? Ich werde gleich nach meinem Besuch bei dir auf das Polizeirevier gehen und die Neuigkeit bekannt geben.“

„Glaubst du, dass ich dann wieder nach Hause darf? Henry, ich bin wirklich unschuldig. Ich habe Karl nichts angetan."

„Petra ich glaube dir! ich werde mein Bestes versuchen. Okay. Ich kann dir aber nicht sagen, wie lange es dauern wir, bis du wieder frei bist. Nun schau mich nicht an, wie ein Dackel. I'll do my best!"

„Danke, Henry, ich weiß das zu schätzen."

Henry fuhr direkt zum Polizeirevier, um sein neues Wissen mitzuteilen. Dort traf er auf Polizist Wagner, der Dienst hatte. Überrascht fragte Wagner: „Nanu, was führt Sie zu uns? Sie sind doch der Anwalt von Frau Ingmann?"

Henry nickte und antwortete: „Ja, ich komme gerade von meiner Mandantin. Ich bringe Neuigkeiten mit."

Wagner war neugierig und forderte ihn auf: „Na, dann erzählen Sie mal, da bin ich aber gespannt."

Henry begann, ihm seine Informationen mitzuteilen: „Also, als ich meiner Mandantin den Namen Ilka Graf nannte und ihr erklärte, dass dies die Nachbarin des Opfers war, fiel sie aus allen Wolken. Es stellte sich heraus, dass Ilka Graf Karls neue Freundin war. Meine Mandantin erfuhr dies aber erst an dem besagten Sonntag. Sie haben doch das Handy von Karl Kaufner. Gibt es darin einen Kontakt mit dem Namen Ilka Graf?“

Wagner überlegte einen Moment und antwortete: „Nein, aber wir haben einen Kontakt mit dem Namen ‚Schatzi‘ gefunden. Wir sind bereits dabei, zu überprüfen, wem diese Handynummer gehört. Ich glaube, ich werde mir den Chatverlauf noch einmal genauer ansehen.“

Henry und Wagner tauschten noch weitere Informationen aus und vereinbarten, eng zusammenzuarbeiten.

„Guten Tag, Frau Graf“, sagte das Polizistenduo Schulz und Wagner höflich und stand vor der Tür von Ilka Grafs Wohnung. „Wir ermitteln in dem Mordfall Karl Kaufner. Dürfen wir reinkommen und Ihnen noch einige Fragen zu dem Fall Karl Kaufner stellen?“

Frau Graf öffnete die Tür und antwortete knapp: „Ich habe nicht allzu lange Zeit.“

Schulz versicherte ihr: „Wir werden uns so kurz wie möglich fassen.“

„Dann kommen Sie doch kurz herein“, lud sie die beiden Polizisten ein. Die Ermittler betraten die Wohnung und schauten sich um. Sie war geschmackvoll und modern eingerichtet. Statt eines gewöhnlichen Sofas oder einer Couch hatte Frau

Graf ein elegantes Himmelbett mitten im Wohnzimmer, übersät mit einer Vielzahl von weichen Kissen. Die Farbgestaltung wirkte indisch inspiriert, mit dominierenden Rottönen und Curryfarben. Als Tisch diente ein kunstvoll geschnitzter Elefant, der eine Holzplatte trug. Besonders auffällig waren die vielen kleinen kupferfarbenen Laternen, die den Raum mit ihrem sanften Licht erfüllten.

Polizist Wagner konnte sich kaum zurückhalten und fragte Frau Graf beinahe beiläufig: „Wo haben Sie diese wundervollen Laternen gekauft?“ Er war von ihrem ästhetischen Geschmack begeistert.

„Die habe ich persönlich in Indien gekauft“, sagte Frau Graf.

Schulz gefiel die Einrichtung überhaupt nicht. Er empfand sie als kitschig und unpassend. Zudem störte ihn der Duft von Räucherstäbchen, der in der Luft hing und eine für ihn unangenehme Note verbreitete.

Im Raum herrschte eine angenehme Atmosphäre, und Frau Graf stand nun im Mittelpunkt der Aufmerksamkeit. Ilka Graf war eine attraktive Frau mit langen, seidigen schwarzen Haaren, die bis zu ihren Schultern reichten. Ihre dunklen Augen strahlten und ihre sanften Gesichtszüge verliehen ihr eine anmutige Erscheinung. Sie trug ein elegantes, figurbetontes Kleid in einem tiefen Blauton, das ihre weiblichen Formen auf dezente Weise betonte. In ihrer Hand hielt sie ein Glas mit einer erfrischenden Limonade, an der sie gekonnt nippte.

Die Wohnung von Ilka Graf spiegelte nicht nur ihren individuellen Stil wider, sondern verrieten auch eine gewisse Raffinesse und Geschmack für exotische Details. Es schien, als würde sie in ihrer eigenen Welt leben, umgeben von ästhetischer Schönheit und einer gewissen Aura des Mysteriösen.

Frau Graf lächelte leicht und wandte sich nun an die beiden Polizisten. „Nun, meine Herren, was genau möchten Sie noch von mir wissen?“, fragte sie mit einer leichten Spur von Neugier in ihrer Stimme.

Polizist Schulz ergriff das Wort und begann die Fragen zu stellen. Sein Blick ruhte auf Frau Graf, während er versuchte, die Wahrheit hinter ihren Antworten zu ergründen. „Frau Graf, könnten Sie uns bitte noch einmal bestätigen, dass Sie am Sonntag, dem 10. Juni, tatsächlich Petra Ingmann, die Hauptverdächtige in diesem Fall, aus der Wohnung von Karl Kaufner kommen gesehen haben?“

Frau Graf nickte ruhig und antwortete mit einer leichten Nachdenklichkeit in ihrer Stimme: „Ja, das kann ich bestätigen. Ich habe Frau Petra Ingmann an jenem Sonntag gesehen. Ich habe sie früher schon mal aus der Wohnung kommen und gehen gesehen und ich habe sie bei der Gegenüberstellung, auf dem Revier ja auch erkannt."

Polizist Wagner, der seine Blicke zwischen Frau Graf und seinen Notizen hin und her wandern ließ, setzte seine Befragung fort: „Hatten oder haben Sie vielleicht einen Schlüssel von Karl Kaufners Wohnung? Als Nachbarin haben Sie möglicherweise während seiner Abwesenheit Aufgaben wie das Blumengießen oder das Leeren des Briefkastens übernommen."

Frau Graf zeigte ein leichtes Stirnrunzeln, bevor sie antwortete: „Ja, das habe ich tatsächlich schon einmal gemacht, während Karl im Urlaub war. Doch ich hatte immer nur temporären Zugang zur Wohnung, indem ich den Schlüssel während seiner Abwesenheit in Empfang nahm und ihn nach seiner Rückkehr zurückgab. Es gab keinen dauerhaften Schlüsselbesitz meinerseits."

Polizist Schulz hakte nach und fragte: „Wann wollten Sie uns eigentlich erzählen, dass Sie und Karl Kaufner mehr als nur ein nachbarschaftliches Verhältnis hatten?"

Frau Graf geriet für einen Moment ins Stocken und ihre Wangen färbten sich leicht rötlich. Sie schien mit der Antwort zu zögern. „Nun ja, ich fand es nicht relevant, Ihnen meinen Beziehungsstatus mitzuteilen. Da ich keinen Schlüssel für Karls Wohnung besaß und am besagten Sonntag auch nicht in seiner Wohnung war, erachtete ich es auch nicht für nötig, Ihnen dies mitzuteilen. Ich habe die Polizei erst verständigt, weil ich bis Montagabend nichts von Karl gehört hatte. Wenn ich einen Schlüssel gehabt hätte, hätte ich selbst nachsehen können, ob alles in Ordnung ist."

Die Polizisten tauschten einen bedeutungsvollen Blick aus. „Wir haben einen Chatverlauf bei Herrn Kaufner gefunden, mit dem Namen ‚Schatzi'. Handelt es sich vielleicht um Ihren Chat? Sind Sie ‚Schatzi'?"

Ein Moment der Stille lag in der Luft, während Frau Graf den Blick senkte und mit der Antwort ziemlich lange wartete. Schließlich hob sie den Kopf und antwortete nachdenklich: „Das kann ich Ihnen nicht beantworten. Ich weiß nicht, ob Karl mich als Kontakt mit ‚Schatzi' angelegt hat. Das ist oder war ja auch seine Sache. Vielleicht hatte er noch eine andere Person mit dem Namen ‚Schatzi'.

„Unter welchem Namen lief denn Karl Kaufner bei Ihnen?"

„Bei mir stand nur ‚KK'."

Polizist Schulz runzelte die Stirn und erwiderte: „Hm, ziemlich unpersönlich, finden Sie nicht?" Frau Graf zuckte leicht mit den Schultern und antwortete: „Nein, das finde ich nicht. Jeder gestaltet seine Kontaktnamen nach seinen eigenen Vorlieben."

„Dürfte ich bitte in Ihrem Handy den Chat verlauf mir anschauen?", fragte Polizist Wagner.

Frau Graf schüttelte den Kopf und erwiderte bestimmt: „Nein, warum sollte ich Ihnen den zeigen? Ich stehe ja nicht unter Mordverdacht, und solche Nachrichten sind doch sehr persönlich. Ich möchte nicht, dass jemand anderes das liest!"

Herr Wagner wirkte leicht frustriert und entgegnete: „Sehr kooperativ zeigen Sie sich aber nicht, Frau Graf. Dann ist hiermit Ihr Handy als Beweismittel beschlagnahmt."

Ilka Graf brauchte ein paar Sekunden, bevor Sie begriff, dass Wagner eine Plastiktüte aus seiner Jackentasche zog und Ihr Handy hineinlegte.

„Unverschämt", fauchte Ilka Graf.

Wagner grinste leicht. „Ja, leider muss ich Sie nun zur Tür begleiten, ich sagte Ihnen bereits, ich habe wenig Zeit."

Frau Graf begleitete die beiden Polizisten zur Tür, und im Hausflur fand Polizist Schulz als Erster seine Sprache wieder. „Was für eine Zicke! Die soll uns mal nicht unterschätzen! Ich werde mir den ‚Schatzi'-Chatverlauf noch mal genauer ansehen. Der Bericht von den Gerichtsmedizinern müsste auch heute auf unserem Tisch liegen genauso wie die Anfrage bei der Telekom, wem die Handynummer gehört. Vielleicht wissen wir dann, nach welchem Gegenstand wir suchen müssen."

Wagner stimmte ihm zu und antwortete: „Ja, aber die Wohnung ist wirklich geil. Komm, machen wir Feierabend. Es reicht für heute."

Ich verbrachte bereits die vierte Nacht in meiner Zelle und konnte wieder einmal nicht schlafen. Die Geräusche der Lust und der Bedürfnisse drangen erneut an mein Ohr und verstärkten das Gefühl der Einsamkeit und Verzweiflung. Henry hatte mein Buch von meinem Nachttisch mitgebracht, doch die Zeilen verschwammen vor meinen Augen, während Tränen meine Wangen hinabrollten.

Meine Gedanken kreisten unablässig um Karl. Wer hat ihn nur ermordet und warum? Ich konnte nicht verstehen, warum ich überhaupt noch mal zu ihm gegangen war. Die Worte, die er mir an jenem Sonntagmorgen entgegengeschleudert hatte, hallten noch immer schmerzhaft in meinen Ohren. Er beschuldigte mich, ihn ändern zu wollen, und warf mir vor, nicht auf seine Bedürfnisse eingegangen zu sein. Ich hätte immer an ihm rumgemäkelt. „Schlürf deinen Kaffee nicht so laut, die Schuhe passen nicht zum Rest des Outfits usw." Er kam sich vor, als sei er der Sohn und ich wollte ihn erziehen. Er fühlte sich von mir ausgenutzt und benutzt. Seine neue Freundin sei das genaue Gegenteil von mir: liebevoll, achtsam und bereit, sich bedingungslos auf ihn einzulassen. Jeder Vorwurf traf mich wie ein Stich ins Herz. Als ich dann ging, habe ich gesagt: „Gut, dass du Schluss gemacht hast, sonst hätte ich es jetzt gemacht! Aber das kann ich dir sagen, das wirst du noch bereuen!“ Warum habe ich diesen verhängnisvollen Satz gesagt? Ich weiß es nicht mehr! Und dann lief ich aus Karls Wohnung.

Inmitten meiner quälenden Gedanken fand ich etwas Trost in den kurzen Gesprächen mit Kathy. Sie brachte einen Hauch von Lebendigkeit in meine düstere Welt und gab mir für einen Moment das Gefühl, nicht allein zu sein. Doch die Angst vor dem Unbekannten und die Frage nach der Wahrheit ließen mich keine Ruhe finden.

4. Die Wendung

„Schulz, es ist gut, dass du schon so früh im Büro bist. Ich habe gerade die Akte der Gerichtsmediziner gelesen und da steht, dass der Mord mit einem stumpfen Gegenstand von links ausgeführt wurde. Das Gewicht des Gegenstands soll etwa 5 kg betragen haben. Schulz, das bedeutet, der Mörder muss Linkshänder sein, ein Bodybuilder und in der Lage sein, schnell zuzuschlagen, sodass Karl Kaufner keine Chance hatte, dem Schlag auszuweichen, geschweige denn sich zu verteidigen. Oder er wurde von der Täterin oder dem Täter überrascht, sodass er sich nicht wehren konnte. Bei der Übergabe des Handys habe ich festgestellt, dass Frau Ingmann Rechtshänderin ist. Sie unterschrieb auch das Protokoll mit rechts. Unter Berücksichtigung dieser neuen Erkenntnisse ist eine weitere Untersuchungshaft für Frau Ingmann nicht gerechtfertigt. Ich telefoniere nachher mit dem Staatsanwalt und versuche, die Freilassung von Frau Ingmann und gleichzeitig einen richterlichen Beschluss für die Durchsuchung der Wohnung von Frau Graf zu erhalten."

„Du hast recht, Wagner, Frau Graf, die neue Freundin von Kaufner, erscheint nun in einem völlig neuen Licht. Wir müssen von vorn anfangen."

„Schulz, rufst du den Anwalt von Petra Ingmann an oder soll ich das übernehmen?"

„Übernimm du das bitte. Gut, dann soll er Frau Ingmann aus der Untersuchungshaft befreien. Ich faxe ihm den Beschluss zur Freilassung von Petra Ingmann zu. Tja, es wäre wohl zu schön gewesen, den Fall so schnell zu lösen!"

„Oh Henry, das ist eine wunderbare Nachricht! Ich kann tatsächlich schon morgen gehen? Holst du mich morgen vor dem Gefängnis ab? Es fühlt sich an wie Weihnachten und Ostern an einem Tag. Ich bin so unglaublich erleichtert!" Die Freude sprühte aus jeder Faser meines Körpers.

Henry lächelte am Telefon breit und antwortete: „Natürlich hole ich dich morgen ab, und anschließend werden wir richtig ausgelassen feiern. Du hast es dir verdient!" Seine Worte klangen voller Zuversicht und Vorfreude.

Ein warmes Gefühl der Dankbarkeit durchströmte mich und ich konnte meine Tränen nicht mehr zurückhalten. Doch diesmal waren es Tränen des Glücks und der Erleichterung. Es fühlte sich an, als würde eine schwere Last von meinen Schultern fallen, und ein Gefühl von Freiheit erfüllte mein Herz.

Ich konnte es kaum erwarten, diesen Ort der Einsamkeit und Begrenzung zu verlassen und wieder am Leben teilzunehmen. Die Aussicht auf einen Neuanfang und die Möglichkeit, die Vergangenheit hinter mich zu lassen, erfüllte mich mit Energie und Hoffnung.

Diese großartige Nachricht wollte ich gleich nach dem Abendbrot Kathy erzählen.

„Wow, du kommst ja schneller aus dem Knast, als ich meine Pizza aufessen kann! Kann ich deinen Anwalt haben?“, rief sie mit einem breiten Grinsen. „Ich meine, der muss ja echt gut sein, wenn er dich so schnell raushauen kann!“

Ich konnte mir ein Lachen nicht verkneifen und antwortete scherzhaft: „Na klar, Kathy! Mein Anwalt ist ein wahres Genie! Er hat mich mit seinem juristischen Zauberstab einfach aus der Patsche gezaubert!“ Sie machte eine theatralische Geste mit den Händen, als würde sie einen Zaubertrick vorführen und lachte laut. „Das ist wirklich magisch! Du siehst, ich wusste immer, dass du unschuldig bist. Schon von Anfang an habe ich gesagt, dass du viel zu lieb und harmlos bist, um jemanden umzubringen. Übrigens, wollen wir unsere Telefonnummern austauschen, damit wir in Verbindung bleiben können?“, fragte sie aufgeregt. „Ich würde dich auch gerne zu meiner Hochzeit einladen, falls mein Verlobter immer noch eine Knastbraut will“, fügte sie mit einem verschmitzten Lächeln hinzu.

Ich war überwältigt von Kathys Großzügigkeit und ihrem Vertrauen. „Das ist eine wunderbare

Idee!", antwortete ich begeistert. „Selbstverständlich möchte ich in Kontakt bleiben und bei deiner Hochzeit dabei zu sein, wäre mir eine große Ehre."

Wir lernten die jeweilige Telefonnummer des anderen auswendig, denn Handys waren verboten. Als wir uns später voneinander verabschiedeten, versprachen wir uns, in Kontakt zu bleiben und uns regelmäßig zu melden.

„Na, das ist ja der Hammer! Die Telefonnummer, die unter dem Namen ‚Schatzi' im Chatverlauf von Karl Kaufner steht, gehört nicht Ilka Graf. Die Handynummer gehört einem Mann namens Michael Graf."

„Hm, vielleicht war Kaufner bi?"

„Nein, das scheint nicht der Fall zu sein. Die Inhalte der Nachrichten haben nichts mit Liebe oder Ähnlichem zu tun. Es scheint um etwas völlig anderes zu gehen. Ich verstehe den Chat ehrlich gesagt nicht. Das ist so ein Kauderwelsch."

„Sag mal, ist Michael mit Ilka Graf verwandt oder vielleicht sogar ihr Ehemann?", fragte der Polizist Wagner.

„Woher soll ich das wissen? Das muss ich noch überprüfen!", antwortete Schulz.

„Und unter welchem Kontaktnamen ist Ilka Graf gespeichert?", fragte Wagner neugierig.

Schulz grinste und sagte: „Das wirst du nie erraten! Es ist ganz schlicht und einfach ‚Nachbarin'." Beide Polizisten fingen an zu lachen, während sie sich über diese überraschende Wendung amüsierten.

„Also, jetzt weiß ich, dass Michael Graf der Bruder von Ilka Graf ist. Er wurde im selben Jahr wie Karl Kaufner geboren, nämlich 1964. Michael lebte bis vor einem Jahr in Frankfurt und arbeitet als Börsenmanager. Jetzt verstehe ich auch, warum ich den Chatverlauf nicht verstanden habe. Es handelt sich um Börsensprache: Stop Loss, Nennwert, Trading, Emission und so weiter. Ich habe das einem Spezialisten gegeben, damit er es für uns übersetzt."

„Ach Schulz, wenn sich das Gespräch immer nur um die Börse dreht, dann ist das Ganze für uns nicht interessant. Wir haben den Mord an Karl Kaufner aufzuklären und nicht uns um die Börse zu kümmern", sagte Polizist Wagner.

„Ja, das kann sein, kann aber auch nicht sein", antwortete Schulz. „Ach, bevor ich es vergesse, die Beisetzung von Karl Kaufner findet in vier Tagen statt. Wollen wir zusammen hingehen und sehen, wer alles um Karl trauert?"

„Oh nein, ehrlich gesagt habe ich keine Lust dazu. Kannst du nicht alleine hingehen?", fragte Wagner.

„Wagner, stell dir vor, wir mischen uns unter die

Trauergemeinde und plötzlich erhaschen wir einen Blick von jemandem, der nervös herumschaut und verdächtig zuckt. Das könnte unser Täter sein!", flüsterte Schulz aufgeregt.

„Und dann rennen wir ihm hinterher, als wären wir in einem Actionfilm! Verfolgungsjagd zwischen den Gräbern, Schulz! Das wäre doch mal ein echter Knaller", antwortete Wagner mit einem breiten Grinsen. Die Vorstellung, wie sie in ihren schwarzen Anzügen, umgeben von trauernden Menschen, als verdeckte Ermittler agierten, brachte ihnen ein Schmunzeln auf die Lippen. Vielleicht würde die Beerdigung von Karl Kaufner nicht nur eine emotionale Veranstaltung sein, sondern auch ein aufregendes Abenteuer, das sie ihrem Ziel, die Wahrheit ans Licht zu bringen, ein Stück näherbringen könnte.

„Schulz, vergiss nicht, wir müssen uns unauffällig verhalten. Keine Slapstick-Einlagen zwischen den Grabsteinen, ok?", ermahnte Wagner mit einem Augenzwinkern.

„Natürlich, Wagner. Aber du kannst nicht leugnen, dass das hier der Stoff für einen Blockbuster-Film ist. Die Polizisten-Detektive auf der Trauerfeier des Jahres. Wir sollten Hollywood anrufen!", scherzte Schulz und beide brachen in herzhaftes Gelächter aus.

„Ja, okay, dann werde ich wohl alleine gehen."

Henry holte mich wie versprochen vor dem Gefängnistor ab, mit einem riesigen Blumenstrauß namens „Bunte Wiese“ in seinen Händen. Wir umarmten uns ausgelassen und ließen die Freude in uns sprudeln. Henry hob mein Kinn und fragte mit einem schelmischen Grinsen: „Was zum Teufel hast du jetzt schon wieder angestellt, dass du weinst?“

Ich lachte und erwiderte: „Ach, du kennst mich. Ich heule doch vor Glück, weil ich endlich diesem illustren Hotel namens Gefängnis Lebewohl sagen darf. Eine Freiheit wie die Grenzöffnung zwischen Ost und West.“

Henry schob mir den Blumenstrauß in die Arme und öffnete galant die Autotür. „Na komm, Petra, steig ein. Wir haben ein Date mit dem Leben jenseits von Gitterstäben.“

Ich nahm Platz und spürte, wie die Aufregung mich durchströmte. Henry blickte mich an und sagte mit einem Augenzwinkern: „Du weißt, wenn du dich noch einmal umdrehst und winkst, dann werden alle Knackis vor Eifersucht platzen, weil du die Freiheit für dich gewonnen hast.“

Ich lachte laut und erwiderte: „Oh, Henry, du und deine wahnwitzigen Vorstellungen. Aber du hast recht, der Knast war nicht gerade ein Fünf-Sterne-

Resort. Es gab zwar Essen, Duschen und eine Einzelzelle, aber das abendliche Unterhaltungsprogramm hat eindeutig zu wünschen übrig gelassen."

Wir tauschten amüsierte Blicke aus und wussten, dass wir dieses Kapitel nun hinter uns lassen konnten. Als Henry mich vor meinem Zuhause absetzte, fragte er mit einem Augenzwinkern: „Bist du bereit, dich zu verwandeln? Duschen, schick machen und dann treffen wir uns zu einem königlichen Schmaus in Henrys Lieblingslokal."

Ich lachte und stieg aus dem Auto. „Henrys Lieblingslokal? Das klingt vielversprechend. Ich bin gespannt, ob es meine königlichen Gaumenfreuden befriedigen kann."

„Um 19 Uhr hole ich dich ab."

Ein unbeschreibliches Gefühl überkam mich, als ich meine Wohnungstür aufschloss. Laut sagte ich zu mir selbst: „Willkommen zu Hause, Petra."

Wie wunderbar es war, wieder in meiner eigenen kleinen Oase zu sein. Das Wohnzimmer strahlte in einem harmonischen Zusammenspiel von Türkis und Weiß. Die Wände waren in einem sanften Türkiston gehalten, der an das glitzernde Meer, in Griechenland erinnerte. Das türkisfarbene Ambiente verlieh dem Raum eine erfrischende und gleichzeitig beruhigende Atmosphäre. Die Möbel waren sorgfältig ausgewählt, um das Farbkonzept zu unterstreichen. Ein bequemes Sofa mit türkisfarbenem Bezug lud zum Entspannen ein und wurde durch Kissen in verschiedenen Türkisnuancen ergänzt. Der Couchtisch in hellem Holz mit einer glänzenden Türkisoberfläche bildete einen ansprechenden Kontrast. Die Vorhänge waren aus leichtem, weißem Stoff gefertigt, der sanft im Wind wehte und das natürliche Licht hereinließ.

Die Accessoires und Dekorationen ergänzten das Farbschema perfekt. Türkisfarbene Vasen mit frischen Blumen und Kerzen in türkisfarbenen Gläsern sorgten für eine angenehme Atmosphäre. Auf den Regalen und Sideboards standen Bilder aus den Griechenland-Urlauben, die ich so sehr liebte. Es war ein Ort, an dem man sich sofort wohl und entspannt fühlte, wie an einem griechischen Strand, umgeben von den Farben des Meeres. Ich betrat mein Schlafzimmer und spürte sofort, dass eine Veränderung hier dringend nötig war. Die Farbpalette, die das Zimmer bisher zierte, wirkte im Vergleich zum Rest meiner Wohnung etwas kühl und distanziert. Es war an der Zeit, einen neuen Anstrich zu wählen und eine Atmosphäre zu schaffen, die mich nicht mehr so stark an die vergangenen Nächte mit Karl erinnerte.

„Ach, Karl“, sagte ich wieder laut. „Warum haben wir es nicht geschafft, zusammenzubleiben?“ Ich wusste, dass mein Dickkopf uns oft im Weg gestanden hatte. Es war immer schön, wenn Karl bei mir war. Doch wenn er keine Zeit für mich hatte, begannen Zweifel in mir zu wachsen. Liebte er mich genug? Liebte ich ihn genug? Es war eine ständige Achterbahnfahrt der Gefühle, die mich manchmal überrollte. Die Unsicherheit nagte an mir, wenn er keine Zeit für mich fand. Es war eine komplexe Beziehung, geprägt von Liebe und Unsicherheit. Ich wünschte mir manchmal, dass ich einfacher sein könnte, dass ich nicht so sehr mit meinen eigenen Gedanken und Ängsten kämpfen müsste. Aber letztendlich war es ein Teil von mir, und ich musste lernen, damit umzugehen und an mir selbst zu arbeiten. Ich hörte auf, laut zu sprechen, nahm das Foto von Karl vom Nachttisch und betrachtete es lange.

Mit meinem Finger strich ich sanft über sein Gesicht und konnte fast seine weiche Haut spüren. Karl hatte nur wenig Haare auf dem Kopf gehabt, seine Frisur ähnelte einem stacheligen Igel. Wie oft hatte ich liebevoll darüber gestreichelt? Karl war nur ein paar Zentimeter größer als ich gewesen und hatte penibel darauf geachtet, dass ich nicht größer war als er, besonders wenn ich hohe Schuhe trug. Seine Stimme war tief wie die eines Brummbären und passte zu seinem liebevollen Wesen. Ich betrachtete Karl noch einmal, gab ihm einen Kuss auf das Foto und schob es dann in die Nachttischschublade. Die Gedanken an Karl ließen mich kurz innehalten, doch dann entschied ich, mich dem gegenwärtigen Moment zu widmen. Ich betrat das Badezimmer und füllte die Wanne mit duftendem warmem Wasser. Der angenehme Duft von Lavendel und Vanille erfüllte den Raum und ließ mich sofort entspannen. Um die Stille zu durchbrechen, schaltete ich das Radio ein, doch zu meinem Erstaunen erklang schon wieder Helene Fischer mit ihrem Ohrwurm „Atemlos“. Ich schaltete sofort ab. Das konnte ich gerade nicht hören. Ich wollte mich jetzt entspannen und in Ruhe meine Gedanken sortieren.

Nachdem ich das ausgiebige Bad genossen und mich mit dem exotischen Duft von Rituals eingecremt hatte, fühlte ich mich wie eine orientalische, blonde Prinzessin. Meine Haare waren nach dem Föhnen perfekt gestylt, als hätte ich gerade einen teuren Salon besucht. Ich konnte förmlich die neidischen Blicke meiner Freundinnen spüren, die sich fragten, wie ich das immer hinbekam, ohne ein Vermögen beim Friseur auszugeben. Ich sollte ihnen wohl ein Geheimnis verraten: Magie. Anstatt die Haare mit der Rundbürste zu formen, bevorzugte ich ausschließlich mit meinen Fingern die Haare zu stylen! Anschließend zog ich mein Lieblingskleid an. Es reichte bis zum Knie und strahlte in den lebendigen Farben Orange, Lila, Türkis und

Pink. Das Kleid war aus leichter Seide gefertigt und umspielte meinen Körper auf eine bezaubernde Weise. Ich fühlte mich darin einfach wunderschön.

Punkt 19 Uhr stand Henry vor meiner Tür. „Oh là là, Signora, da werden mich heute alle Männer beneiden“, scherzte er, als er mich sah. „Du siehst einfach umwerfend aus, Petra. Warum hatten wir eigentlich nie eine Romanze?“, fragte er mit einem Augenzwinkern.

Ich lächelte und erwiderte: „Weil wir die besten Freunde der Welt sind und Liebe in Verbindung mit Freundschaft nur in wenigen Fällen funktioniert.“

„Na gut, aber ich wäre bereit, das auszuprobieren“, scherzte Henry weiter.

Ich hakte mich bei ihm ein und wir gingen zu seinem Auto.

Henrys Lieblingslokal entpuppte sich als Volltreffer. Wir saßen draußen bei dem herrlichen Wetter mit Blick auf die Leine. Der Tisch war festlich mit Blumen und Kerzen gedeckt. Das dreigängige Menü hatte Henry bereits vorbestellt. Bei anderen Männern hätte es mich gestört, denn ich möchte normalerweise selbst entscheiden, worauf ich Lust habe zu essen. Doch bei Henry war das kein Problem. Schließlich kannten wir uns schon seit zehn Jahren und er wusste genau, was mir schmeckte und was nicht. Es war ein wundervoller, harmonischer Abend mit anregenden Gesprächen und viel Gelächter, denn ich liebte Henrys Humor. Als er mich spät in der Nacht vor meiner Wohnungstür absetzte, war ich überglücklich. Dieser Abend hatte mir gezeigt, wie kostbar wahre Freundschaft sein kann und wie wunderbar es ist, Menschen in seinem Leben zu haben, die einem so viel Freude bereiten.

5. Abschied von Karl

Die Kirchenglocken hatten bereits geläutet, als der Polizist Schulz etwas zu spät zur Trauerfeier von Karl Kaufner ankam und sich still und unauffällig in die letzte Reihe der ungeschmückten Kapelle setzte.

Schulz, der scharfsinnige Ermittler, entdeckte Petra Ingmann und Ilka Graf, die an gegenüberliegenden Enden der Kapelle saßen. Zwischen ihnen befand sich vermutlich Michael Graf, der Bruder von Ilka. Die Ähnlichkeit zwischen den Geschwistern war unverkennbar.

In der ersten Reihe, die normalerweise den engsten Angehörigen vorbehalten war, saß eine zierliche ältere Dame, vermutlich eine langjährige Freundin oder eine enge Vertraute von Karl. Die Mutter von Karl konnte es nicht sein, denn sie hatte bereits vor langer Zeit das Zeitliche gesegnet. Es war bewegend zu sehen, wie diejenigen, die Karl nahestanden, ihm an diesem traurigen Tag die letzte Ehre erweisen wollten.

Die Trauerrede, die von einer unkonventionellen freien Rednerin gehalten wurde, brachte eine unerwartete Wendung in die Zeremonie. Mit humorvollen Anekdoten und liebevollen Erinnerungen beschrieb sie Karl Kaufner als einen fleißigen und warmherzigen Menschen, der immer für einen

Scherz zu haben war. Die Worte der Rednerin sorgten für ein zwiespältiges Gefühl der Peinlichkeit und des Respekts bei Schulz. Einerseits fehlte ihm die Ernsthaftigkeit, die einem solchen Anlass angemessen schien, andererseits spürte er, wie die herzlichen Geschichten ein Lächeln auf viele Gesichter zauberten und die Erinnerungen an Karl lebendig hielten.

Statt der üblichen kirchlichen Musik erklang plötzlich aus den Lautsprechern der Kapelle der kraftvolle Rock Song „Highway to Hell“ von AC/DC. Ein überraschender Bruch mit der Konvention, aber irgendwie schien es zu Karl zu passen. Er war stets für seinen unkonventionellen Musikgeschmack bekannt gewesen und hätte sicherlich über diese ungewöhnliche Songauswahl gelacht, laut Rednerin.

Schulz nahm seine Umgebung genauer wahr und bemerkte, dass er der einzige Trauergast war, der ganz in Schwarz gekleidet war. Die anderen trugen eine bunte Palette von Farben, als wollten sie Karl Kaufners Lebensfreude und sein buntes Wesen widerspiegeln.

Nachdem die Zeremonie zu Ende war und die Trauergäste langsam die Kapelle verließen, spürte er Erleichterung gehen zu können. Er fühlte sich nicht wohl. Beisetzungen hinterließen immer Spuren in seinen Gedanken. Viel zu oft musste er schon daran teilnehmen. Ist sicher der Lauf der Zeit, wenn man selber schon auf die 53 zugeht.

Wieder zurück auf dem Revier, berichtete Schulz von der beeindruckenden Trauergemeinde und den interessanten Beobachtungen während der Trauer-feier. Wagner, immer auf der Suche nach neuen Erkenntnissen, mischte sich ein und sagte: „Ich habe auch einiges herausgefunden. In dem Chat von ‚Schatzi', der tatsächlich Michael Graf gehört, wurden anscheinend Insiderinformationen genutzt, um günstige Aktienkäufe und -verkäufe abzuwickeln. Da ging es um beträchtliche Summen. Ich habe bereits über den Staatsanwalt eine Auskunft über das Vermögen von Michael Graf bei einer Bank angefordert. Außerdem haben wir nun einen Durchsuchungsbeschluss für beide Wohnungen von Ilka Graf und ihrem Bruder Michael. Ich dachte, wir könnten jetzt erst einmal gemeinsam zu Frau Graf fahren. Ich habe extra auf dich gewartet. Die Spurensicherung ist bereits vor Ort. Die Auswertung der Handy-Kommunikation von Ilka Graf brachte keine neuen Erkenntnisse. Es war auch unglaublich anstrengend, den Chatverlauf zu lesen. Die beiden haben sich scheinbar fast täglich, stündlich Nachrichten geschickt. Dabei sind sie doch Nachbarn, man könnte eigentlich annehmen, dass sie sich zumindest jeden oder jeden zweiten Tag persönlich gesehen haben sollten." Wagner nickte Schulz zu und sagte: „Lets go! Fährst du oder ich?" „Nee ich fahre, sonst müssen wir wieder Überstunden beantragen", lachte Schulz. Die beiden begaben sich in den Streifenwagen, bereit für die Durchsuchung der Wohnung von Ilka Graf.

Die Wohnungstür von Frau Graf stand offen, und die Spurensicherung war bereits fleißig bei der Arbeit. „Na, Jungs, wie sieht es aus? Habt ihr schon etwas Interessantes gefunden?", fragte Wagner neugierig. Wagner und Schulz tauschten einen bedeutungsvollen Blick aus, bevor einer von der Spusi antwortete: „Na ja, wie man es nimmt! In der Jackentasche eines Mantels haben wir einen Schlüssel entdeckt, der hier in keine Tür passt! Habt ihr eine Idee?"

„Vielleicht gehört der Schlüssel zu Kaufners Wohnung?", schlug Wagner vor und nahm den Schlüssel entgegen.

Schulz und Wagner machten sich direkt auf den Weg zur Eingangstür von Kaufners Wohnung. Doch zu ihrer Enttäuschung passte der Schlüssel nicht. „Wäre ja auch zu schön und einfach gewesen", seufzte Schulz frustriert.

Plötzlich betrat ein fremder Mann die Wohnung von Ilka Graf. „Raus hier!", rief ein Mitarbeiter der Spurensicherung empört. „Mann, warum lasst ihr Deppen die Tür offen?!"

Schulz und Wagner zogen den Kopf ein, während der Mann sie wütend anfuhr.

„Wer sind Sie und was haben Sie hier zu suchen?“, fragte Schulz streng.

„Na, bei dem Krach kann ja kein Mensch seine Mittagsruhe halten, da wollte ich mal nachsehen, was hier los ist. „Mein Name ist Sennholz, genannt Sen, ich bin der Hausmeister hier und sorge für Recht und Ordnung!“

Schulz und Wagner waren perplex. „Na ja, jetzt, wo Sie alles gesehen haben, können Sie Ihren Mittagsschlaf fortsetzen“, erwiderte Schulz immer noch etwas ungehalten.

Doch Wagner hatte noch eine Frage im Gepäck. Er öffnete seine Hand und präsentierte den Schlüssel: „Kennen Sie vielleicht diesen Schlüssel und können uns sagen, zu welcher Tür er gehört?“

Der Hausmeister bat darum, den Schlüssel genauer betrachten zu dürfen. „Also, wenn mich nicht alles täuscht, handelt es sich hier um einen Kellerschlüssel“, sagte er nach genauerem Blick.

„Ein Kellerschlüssel? Hier im Haus?“, fragte Wagner überrascht.

„Ja natürlich, woher sollte ich das denn sonst wissen?“, antwortete Herr Sennholz verwundert.

„Wären Sie so freundlich und könnten uns den Weg in den Keller zeigen?“, bat Wagner nun viel höflicher.

Herr Sennholz führte die beiden Polizisten in den Keller. Er wusste genau, wem welcher Keller gehörte. Der Schlüssel passte genau zu Ilka Grafs Kellerraum.

„Aber Sie bleiben draußen und fassen nichts an, Herr Sennholz,“, warnte Schulz ihn streng.

„Bin ich blond?“, antwortete Herr Sennholz mit einem Augenzwinkern. Wagner und Schulz mussten lachen. „Nee, das kann man nicht sagen“, erwiderte Wagner schmunzelnd.

Herr Sennholz hatte grau-schwarz melierte Haare. Die beiden Polizisten zogen Handschuhe über und betraten den Kellerraum, gespannt darauf, was sie dort finden würden.

Schulz und Wagner entdeckten zahlreiche Kisten und Kartons im Kellerraum. Die Absender der Pakete waren größtenteils aus Indien und China. Wagner vermutete laut: „Das hat die Graf sicherlich alles für die Wohnung eingekauft.“

Schulz schüttelte einige Kartons, die jedoch offensichtlich leer waren.

Wagner rief plötzlich: „Schau mal hier, was war hier wohl drin?“ Er zeigte auf einen Karton, der mindestens 180 cm hoch und 60 cm breit war. „Vielleicht ein Sarg? Oder eine Flurgarderobe? Was weiß denn ich, Schulz? Schau einfach mal rein. Vielleicht liegt eine Bauanleitung dabei.“

Gemeinsam räumten sie die anderen Kartons beiseite, um den großen Karton zu öffnen. Überraschenderweise war er fast leer, ein Ladekabel mit USB-Anschluss und eine geformte Pappe, die fast die Form eines Menschen hatte, lagen darin. Wagner rief zu Herrn Sennholz, der immer noch vor der Tür stand: „Herr Sennholz, sind Sie noch da?"

„Ja, ich bin noch hier", antwortete der Hausmeister.

„Herr Sennholz, Sie wohnen im Erdgeschoss, haben Sie eigentlich nichts von dem Mord an Herrn Kaufner mitbekommen?"

„Das habe ich Ihren Kollegen bereits erzählt. Ich habe nichts gehört. Wenn ich schlafe, dann schlafe ich, wie ein Toter. Äh, Bär wollte ich sagen", erklärte Herr Sennholz gelassen.

„Aber dass Frau Graf und Kaufner ein Paar waren, wussten Sie schon, oder?", fragte Wagner weiter.

„Ja, klar, aber seine vorherige Freundin, den Namen weiß ich nicht, die war viel netter und passte auch viel besser zu ihm. Ich mag die Graf nicht. Die ist sehr hochnäsig und eingebildet", antwortete Herr Sennholz.

„Okay, Schulz", sagte Wagner. „Lass uns noch mal nach oben zu den Kollegen gehen und hören, ob sie etwas gefunden haben. Vielen Dank, Herr

Sennholz, wir wissen jetzt, wo wir klingeln müssen, wenn wir Sie brauchen. Danke!“

Herr Sennholz ging in seine Wohnung und die beiden Polizisten begaben sich zu den Kollegen. Gerade als sie das Schlafzimmer von Frau Graf betraten, öffnete ein Spusi-Kollege den Schrank und zuckte erschrocken zurück. „Was zum Teufel ist das? Mein Gott, habe ich mich erschreckt!“, rief er aus.

Verwirrt drehten sich alle zu ihm um und schauten in den Schrank. Und was sahen sie? Einen Spiegel! Sie sahen sich selbst. Schallendes Gelächter durchdrang den Raum. „Wofür zum Himmel hat man einen Spiegel im Schrank?“

Ein Spusi-Mitarbeiter untersuchte den Spiegel etwas genauer. Der Spiegel ließ sich zur Seite wegdrehen und dahinter konnte man Dinge verstecken. Dieses Versteck war leer und laut Spusi extrem gut gereinigt worden. Wagner sagte: „Ich werde Frau Graf bei Gelegenheit fragen, wozu man so ein Versteck braucht.“

Wagner und Schulz fragten die Kollegen, ob sie etwas Brauchbares gefunden hatten.

„Ja, zum Teil“, antwortete einer von ihnen. „Wir haben das Laptop samt externer Festplatte beschlagnahmt. Aber wir haben keinen Schlüssel zu einer anderen Wohnung gefunden, nur einen Ersatzschlüssel für Frau Grafs eigene Wohnung.

Tatwerkzeug? Fehlanzeige! Weder eine Stehlampe noch ein kantiger Besenstiel. Auch kein Blut, selbst in der Dreckwäsche haben wir nachgeschaut. Sogar die Mülltonne haben wir durchwühlt, aber ohne Befund."

„Gut, dann machen wir Schluss und widmen uns wieder unserer Schreibtischarbeit." Sie waren gerade auf dem Weg nach unten, als Wagner Schulz bat, zu warten. „Warte bitte noch einmal", sagte er. Schulz fragte verwundert: „Warum?" Doch dann hörte er, wie Wagner bei Herrn Sennholz klingelte. Dieser öffnete sofort die Tür.

„Herr Sennholz, wissen Sie eigentlich, wer hier Ersatzschlüssel für die Wohnungen hat?", fragte Wagner.

„Ja, natürlich. Ich habe für jede Wohnung einen Ersatz-Schlüssel, und jeder Mieter hat auch einen Zweitschlüssel von seiner eigenen Wohnung", antwortete Herr Sennholz stolz.

„Hm, das heißt, Sie könnten zu jeder Zeit in jede Wohnung gehen?", fragte Wagner nach.

„Ja, genau so ist es, aber natürlich mache ich nur im Notfall davon Gebrauch", bestätigte Herr Sennholz.

Dann fragte Wagner weiter: „Wissen Sie, wo der Ersatzschlüssel von Herrn Kaufner ist? Die Spurensicherung hat keinen Schlüssel gefunden."

Herr Sennholz überlegte kurz und antwortete: „Ja, Herr Kaufner hatte seinen Ersatzschlüssel immer hier.“ Daraufhin verließ Herr Sennholz seine Wohnung, ging nach oben, bückte sich vor der Tür von Herrn Kaufner, hob den Türabtreter an und darunter lag tatsächlich der Ersatzschlüssel.

„Das glaube ich ja wohl nicht! Warum haben Sie das nicht früher gesagt?“, rief Wagner empört aus.

Herr Sennholz antwortete gelassen: „Hat mich denn jemand danach gefragt?“

Sie konnten nicht anders als zu lachen. „Oh Mann, dennoch vielen Dank, Herr Sennholz“, bedankte Wagner sich bei ihm.

Schulz konnte sich vor Lachen kaum halten und sagte: „Was für ein Tag!“

Nach der Auswertung des Chatverlaufs zwischen Karl Kaufner und Michael Graf war den Polizisten Wagner und Schulz klar, dass die beiden Freunde waren. Denn man spricht nur mit guten Freunden über Geld. Die beiden unterhielten sich viel über Geld und Aktienkäufe. Karl Kaufner hatten in einem Chatverlauf an Michael Graf geschrieben: „Hey, Alter! Ich hab‘s aus erster Hand, diese Aktie wird sich nicht nur verdoppeln, nee, die wird sich verflixt noch mal vervielfachen! Du wirst mich noch dafür knuddeln, meine Worte zu hören. Also zieh die Geldbörse noch mal ordentlich auf und halt dich fest, denn ich kann den Reichtum schon in der

Luft schmecken. Wir cruisen in schnellen Karren und chillen in Villen, Alter!“

Wagner und Schulz waren jedoch verwirrt darüber, warum Karl Michael Tipps gab und nicht umgekehrt! Schließlich war Karl nur ein kleiner Bankangestellter, der sich um Privatkunden mit einem Vermögen von bis zu dreißigtausend Euro kümmerte, während Michael ein verdammt guter Börsenmanager war!

Schulz sagte: „Hey, ist es nicht verboten, Insiderwissen für finanzielle Gewinne zu nutzen?“ Doch Schulz merkte an, dass die Fachabteilung ihn bereits darauf hingewiesen hatte. Die Nutzung von Insiderinformationen ist verboten und strafbar. Um Insiderhandel aufzudecken, überwacht die Wertpapieraufsicht alle Wertpapiertransaktionen, die beispielsweise von Banken gemeldet werden müssen. „Ich habe bereits einen Antrag auf Bankenauskunft für Kaufner und Graf bei der Staatsanwaltschaft gestellt. Die Räder der Justiz mahlen langsam, das wird wohl noch einige Zeit dauern. In der Zwischenzeit sollten wir Kontakt zu Michael Graf aufnehmen. Vielleicht hatte er auch einen Grund, Karl Kaufner umzubringen? Mann, das ist wirklich ein verworrener Fall“, sprach Wagner.

„Es könnte so einfach sein“, antwortete Schulz.

„Ist es aber nicht“, antwortete Wagner mit einem fetten Grinsen im Gesicht.

„Hallo, hier spricht Ingmann“, meldete ich mich am Telefon.

„Hallo Frau Ingmann, hier ist Wagner von der Polizei. Bitte entschuldigen Sie die Störung“, sagte Wagner höflich.

Ich seufzte leicht und antwortete: „Was gibt es denn nun schon wieder?“ Meine Stimme klang gereizt, da die fortwährenden Fragen der Polizei meine Geduld strapazierten.

„Ich habe nur eine Frage, Frau Ingmann: Wussten Sie eigentlich, dass Herr Kaufner mit Herrn Michael Graf, dem Bruder von Frau Ilka Graf, befreundet war?“, fragte Wagner interessiert.

„Nein, das wusste ich nicht. Wenn ich ehrlich bin, kenne ich überhaupt niemanden aus Karls Umfeld. Ich dachte immer, er hätte gar keine Freunde. Wobei er kurz vor unserer Trennung erwähnte, dass er ein großes Ding am Laufen hätte. Als ich ihn damals danach fragte, antwortete er, dass er es mir nicht sagen könne“, erklärte ich. „Ich hielt Karl in solchen Angelegenheiten eher für einen Schaumschläger. Er tat oft geheimnisvoll, deshalb war es auch manchmal schwierig für mich zu verstehen, wenn wir zusammen waren und er nach nur drei oder höchstens vier Stunden gehen wollte. Vielleicht hatte Karl zu dieser Zeit bereits seine neue Freundin Ilka Graf.“

„Hm, entschuldigen Sie bitte nochmals für die Störung. Ich wünsche Ihnen alles Gute."

„Für Sie auch, Herr Wagner!", antwortete ich höflich und das Gespräch wurde beendet.

Ich wählte Henrys Telefonnummer. Er meldete sich sofort. „Hallo Henry, ich bin es Petra. Die Polizei hat gerade bei mir angerufen und wollte wissen, ob ich Michael Graf kenne. Sag mal, können die mich immer wieder anrufen und solche Dinge erfragen? Ist mein Fall nicht abgeschlossen? Mir bereiten solche Anrufe echt Kopfschmerzen, ich habe schon Angst, überhaupt mit einem Polizisten zu reden. Kann ich den Polizisten nicht einfach sagen, die sollen dich in Zukunft anrufen?"

„Hm, Petra, was hältst du davon, wenn wir das bei einem guten Essen mit einem Glas Wein besprechen?", schlug Henry vor. „Es ist schon ziemlich lange her, dass wir zwei Hübschen zusammen essen waren. Hast du heute Zeit oder hast du bereits eine Verabredung?"

„Lass mich kurz überlegen, Henry", antwortete ich. „Nein, in meinem Kalender steht nichts drin. Magst du zu mir zum Essen kommen? Ich kann zwar nur Mittelklasse kochen, aber frische Pasta bekomme ich hin, dazu Salat und einen schönen Rotwein."

„Na, aber hallo, mit Pasta kannst du mich immer locken", antwortete Henry. „Was gibt es denn als

Nachtisch? Nein, sag nichts, ich lasse mich überraschen“, fügte er mit zweideutigem Lachen hinzu.

„Ist das unser zweites Date?“, fragte ich scherzhaft.“

„Wenn du es so sehen möchtest, ja! Bis heute Abend!“, antwortete Henry.

Wie lange kenne ich eigentlich Henry schon?, überlegte ich. Es fühlt sich an, als ob ich ihn mein ganzes Leben lang kenne. Es war damals, als er noch in einer Beziehung und ich auf der Suche nach Mr. Right war. Wir lernten uns auf einer Party meiner Freundin kennen und es war sofort eine besondere Verbindung zwischen uns spürbar.

Henry ist das genaue Gegenteil von Karl. Während Karl klein war, ist Henry groß und beeindruckend. Seine stattliche Erscheinung fasziniert mich jedes Mal aufs Neue. Wo Karl nur wenige Haare auf dem Kopf hatte, ist Henry mit vollem, braunem Haar gesegnet. Und während Karl ein paar überschüssige Pfunde mit sich trug, ist Henry äußerst gut trainiert und in Topform. Man kann nicht leugnen, dass er verdammt gut aussieht.

Aber letztendlich zählen für mich die inneren Werte. Henry hat ein unglaublich gutes Herz, ist fürsorglich und einfühlsam. Er ist ein verlässlicher Freund und unterstützt mich in allen Lebenslagen. Ich schätze seine Stärke und sein Verständnis. Mit ihm fühle ich mich geborgen und geliebt. Es ist ein Segen, ihn in meinem Leben zu haben.

„Petra“, schimpfte ich mit mir selbst, „das ist nicht fair, zwei Männer miteinander zu vergleichen! Warum mache ich das überhaupt? Ich will doch gar nichts von Henry. Er soll mir nur erklären, warum die Polizei immer noch Fragen an mich stellt.“

Während ich darüber nachdachte, holte ich bereits die Zutaten für die Pasta aus dem Schrank und begann, den Teig vorzubereiten. Als Soße entschied ich mich für eine cremige Carbonara. Für den Salat presste ich eine frische Limette aus und mischte sie mit etwas Öl, Balsamico, Salz und Pfeffer. Ein Hauch Senf verlieh der Vinaigrette den letzten raffinierten Touch. Der Esstisch war schnell gedeckt. Mit großer Sorgfalt entfernte ich sämtliche Gegenstände vom Tisch, um Platz für eine wunderschöne, makellos gebügelte Tischdecke zu schaffen. Anschließend arrangierte ich das edle Besteck, die vornehmen Porzellanteller und die feinen Stoffservietten mit einer präzisen Hand. Zwei elegante Kerzenleuchter wurden strategisch platziert, um den Raum später in ein warmes und verführerisches Kerzenlicht zu tauchen. Alles war bis ins kleinste Detail perfekt arrangiert – eine Komposition von Eleganz und Stil.

„So, nun aber ab unter die erfrischende Dusche!" Heute war nur Duschen ohne Haarewaschen angesagt. Bei diesem Gedanken musste ich immer an Mario Barth denken. Einfach genial und total mein Humor. Doch auch Henry hatte einen ähnlichen Humor, der mir sehr gefiel.

6. Die Einladung

Ich zuckte zusammen, als mein Telefon erneut klingelte. „Petra Ingmann“, flüsterte ich beinahe leise.

„Hey, erinnerst du dich noch an mich? Ich bin‘s, Kathy, die aus dem Knast.“

Kathy! Ich musste lachen. „Wie geht es dir?“

„Mir geht es gut, stell dir vor, seit ... nun, du weißt schon ... habe ich nicht mehr geklaut. Und in einer Woche ist es so weit: Mein verrückter Freund will mich tatsächlich heiraten! Unglaublich, oder? Du ich möchte dich zur Hochzeit einladen. Nichts Großes, wir feiern nur im kleinen Kreis mit zwei Trauzeugen.“

„Und eure Eltern? Sind die nicht eingeladen?“, fragte ich interessiert.

„Das ist eine lange Geschichte. Sie wollen nicht, dass wir heiraten. Sie sagen, es passt nicht, weil wir zwei verkrachte Existenzen sind. So ein Quatsch! Dabei lieben wir uns einfach nur.“

„Also, ich nehme die Einladung dankend an. Wo findet die Trauung statt?“, erkundigte ich mich neugierig.

„Kennst du die Marktkirche in der Innenstadt? Genau daneben ist das Standesamt. Nächsten Freitag um 12 Uhr. Ach ja, und, Petra, mach dich nicht zu schick! Halt, warte, leg noch nicht auf!“, schrie

Kathy fast in den Hörer. „Anschließend gehen wir essen. Zum gemütlichen Italiener in der Altstadt."

„Was wünscht ihr euch denn zur Hochzeit?", fragte ich neugierig.

„Nur, dass du dabei bist! Deine Anwesenheit ist das schönste Geschenk für uns. Ich freue mich so sehr darauf, dich wiederzusehen!"

„Ich mich auch, danke für die Einladung."

Gut gelaunt legte ich den Hörer auf. Das musste ich unbedingt heute Abend Henry erzählen!

Henry kam pünktlich um 19 Uhr an, genau mit dem Klang der Gong-Uhr. Wieder einmal hatte er Blumen mitgebracht, diesmal wunderschöne langstielige Rosen in verschiedenen Farben – rot, weiß, gelb, orange und sogar eine tiefdunkelrote Rose.

„Ach, Henry, du musst mir nicht immer Blumen mitbringen", begrüßte ich ihn lächelnd.

„Aber ich möchte es gerne tun, besonders wenn du für mich kochst", erwiderte er charmant.

„Darf ich hineinkommen in die gute Stube oder soll ich an der Türschwelle stehen bleiben?", fragte er scherzhaft.

„Oh, wie unhöflich von mir! Komm herein", lud ich ihn ein.

„Hm, es duftet hervorragend hier!", rief Henry begeistert.

Plötzlich bemerkte ich, dass das Nudelwasser überkochte, und eilte schnell in die Küche, um den

Herd herunterzudrehen. „Bitte, Henry, nimm doch schon mal Platz“, bat ich ihn.

Doch zu meiner Überraschung blieb er ganz dicht hinter mir. „Ich weiß im Moment nicht, was besser duftet, du oder die Pasta. Kann ich mich nützlich machen?“, fragte er mit einem verschmitzten Lächeln.

„Ja, bitte öffne schon mal den Rotwein.“ Ich überreichte ihm den Merlot zusammen mit dem Flaschenöffner. Henry war leger, aber dennoch stilvoll gekleidet. Er trug eine helle, karierte Hose, ein weißes Hemd und cognacfarbene Slipper. Er sah einfach umwerfend aus. Ich selbst hatte ein elegantes Maxikleid in den Farben Schwarz-Rot an, mit einem betörenden beinhohen Ausschnitt. Henry goss den Rotwein ein und wir stießen in der Küche an. Dabei schaute er mir tief in die Augen, und ich musste meinen Blick abwenden. Henry war sich seiner Wirkung auf Frauen bewusst und grinste breit.

Das Essen war fertig und wir setzten uns an den liebevoll dekorierten Tisch, der durch die langstieligen Rosen noch vollkommener wirkte. Während des Essens fragte ich Henry, warum er wieder alleine lebte. Sein Gesicht wurde ernst und er erzählte mir von seiner langjährigen Freundin, die ihn vor zwei Jahren verlassen hatte. Den Grund nannte er nicht, doch ich konnte den Schmerz in seinen Augen erkennen. „Du hast mir bereits als Anwalt erzählt, warum Karl gegangen ist. Er muss ein Idiot gewesen sein, dich für Ilka Graf aufzugeben!“, versuchte er das Thema zu wechseln.

„Ach Henry, lass uns über etwas anderes reden, ja?“, schlug ich vor.

„Okay, was gibt es zum Nachtisch?“, fragte Henry schelmisch.

„Beschwipste Erdbeeren?“

„Machen die uns auch beschwipst?“, scherzte er.

„Nur wenn du zu viele davon naschst“, lachte ich.

Wir setzten uns mit den Erdbeeren auf die Couch. Nachdem ich drei davon genossen hatte, nahm Henry mir das Glas aus der Hand, stellte es auf den Tisch und kam mir sehr nah „Schmecken deine Küsse nun nach Erdbeeren?“, flüsterte er zärtlich und küsste mich leidenschaftlich. Ich erwiderte seine Küsse, doch als sein Mund mein Dekolleté berührten, bat ich ihn vorsichtig, aufzuhören.

„Warum gefällt dir das nicht?“, fragte er verwirrt.

„Es gefällt mir zu gut, aber ich fühle, dass alles zu schnell geht“, gestand ich ihm.

„Zu schnell?“, wiederholte Henry und lachte. „Wir kennen uns doch schon so, so lange!“

Trotzdem respektierte er meinen Wunsch und setzte sich brav und aufrecht wieder hin.

Es war ein wundervoller Abend, während dem wir uns gegenseitig aus unserem Leben erzählten.

Als es bereits weit nach Mitternacht war, stand Henry auf und verabschiedete sich mit einer liebevollen Umarmung und einem zärtlichen Kuss. „Liebe Petra, ich werde dir alle Zeit der Welt geben. Aber du solltest wissen, dass ich mich in dich verliebt habe, in dem Moment, als ich dich auf dem Revier gesehen habe. Du hast etwas in mir geweckt, das ich nicht ignorieren kann. Ich weiß, dass dies einer deiner schlimmsten Tage war, aber ich hoffe, dass daraus etwas sehr Schönes und Neues entstehen kann." Mit diesen Worten und einem letzten zärtlichen Kuss verabschiedete sich Henry. Die Nacht war erfüllt von einem Gefühl der Hoffnung.

7. Die Hochzeit

Die Woche bis zur Hochzeit verging wie im Flug, und ich konnte es kaum erwarten, Kathy wiederzusehen und ihren zukünftigen Ehemann kennenzulernen. Mit großer Vorfreude wählte ich einen eleganten hellblauen Hosenanzug für diesen besonderen Anlass. Er war genau die richtige Mischung aus schick und lässig. Als ich das Standesamt aus der Ferne erblickte, konnte ich eine kleine Gruppe vor dem Eingang erkennen. Das mussten die Trauzeugen sein. Mit jedem Schritt näher wurde meine Neugier größer.

Als ich schließlich näherkam, erkannte ich Kathy sofort, nicht nur an ihren markanten Piercings, sondern auch an ihren raspelkurzen Haaren. Sie strahlte so hell, dass man meinen könnte, sie hätte die Sonne selbst in sich. Kathy trug ein kurzes, romantisches Kleid in strahlendem Reinweiß. Es betonte ihre zarte Figur und ließ sie noch strahlender wirken. In den Haaren trug sie einen zarten Kranz aus Wildblumen. An ihrer Seite stand ihr zukünftiger Ehemann, der eine dunkelblaue Jeans und ein perfekt sitzendes weißes Hemd trug. Er war fast doppelt so groß wie Kathy und strahlte eine unverkennbare Stärke und Ruhe aus. Es war offensichtlich, dass er ihr ein sicherer Hafen war, in dem sie ihre Liebe und ihr Vertrauen finden konnte.

Als Kathy mich erblickte, kam sie mit einem begeisterten Lachen auf mich zu. „Wie wunderbar, dass du hier bist! Na, hör mal, ich halte doch meine Versprechen!“ Ihre Augen funkelten vor Freude. „Du siehst einfach fantastisch aus, Petra.“

Ich erwiderte das Kompliment mit einem breiten Lächeln. „Danke, Kathy. Du siehst umwerfend aus. Richtig strahlend und doch so natürlich.“

Unsere Freude war ansteckend, und wir lachten herzlich, bevor wir gemeinsam auf ihren zukünftigen Ehemann zugingen.

„Hallo, ich bin Jo, denn wer will schon Joachim heißen?“, stellte er sich mit einem charmanten Lächeln vor und reichte mir die Hand.

„Freut mich sehr, Jo. Danke, dass ihr mich zur Hochzeit eingeladen habt!“

Kathy führte mich dann zu den Trauzeugen. „Hier ist Paul, mein bester Freund, und seine wundervolle Freundin Edda“, stellte sie uns einander vor. Wir schüttelten uns die Hände und spürten sofort eine Sympathie, die sich wie ein warmes Gefühl in der Magengrube ausbreitete. Es war, als würden wir uns schon lange kennen.

„Jetzt sind wir also vollzählig. Lasst uns hineingehen“, schlug Kathy vor und wir folgten ihr. Der Saal im Standesamt war in einem eleganten Weiß-Grün-Dekor gehalten, mit wunderschönem Blumenschmuck, der eine festliche Atmosphäre schuf.

Die Stühle waren mit weißen Hussen überzogen, die dem Raum einen Hauch von Eleganz verliehen.

Die Standesbeamtin begrüßte uns herzlich und bat uns, Platz zu nehmen, während sie mit einer charmanten Leichtigkeit die Geschichte von Jo und Kathy erzählte. Ihre Worte waren von Humor und Herzlichkeit geprägt und ließen uns alle schmunzeln und lachen. Es war so schön mitzuerleben, wie die beiden sich ineinander verliebt hatten und nun den Bund fürs Leben schließen würden.

Schließlich wandte sich die Standesbeamtin an das Brautpaar und sprach mit einer sanften, aber dennoch bestimmten Stimme: „Liebe ist nicht nur ein Gefühl, sondern auch eine bewusste Entscheidung für ein gemeinsames Leben. Aus diesem Grund frage ich euch nun: Jo, willst du Kathy zu deiner Ehefrau nehmen? Und Kathy, willst du Jo zu deinem Ehemann nehmen?“

Die Spannung lag förmlich in der Luft, als Jo und Kathy mit strahlenden Augen und klopfenden Herzen antworteten: „Ja, ich will!“ Die Worte hallten durch den Raum und berührten unsere Herzen. Es war ein Moment voller tiefer Emotionen und bedeutsamer Versprechen.

Als die Worte verklungen waren, konnten wir kaum erwarten, dass Jo und Kathy den Moment mit einem Kuss krönten. Jo nahm zärtlich Kathys Gesicht in seine Hände und legte einen liebevollen

Kuss auf ihre Lippen. Es war ein Kuss voller Liebe, Zuneigung und dem Versprechen, füreinander da zu sein, in guten wie in schlechten Zeiten.

Nach dem herzlichen Applaus sollten Jo und Kathy nun die Ringe austauschen, die ihre ewige Verbundenheit symbolisierten. Mit einer Mischung aus Nervosität und Vorfreude hoben sie gleichzeitig ihre rechten Ringfinger in die Höhe. Dort konnte jeder deutlich die Namen des Partners erkennen, die in zarten Tätowierungen verewigt waren. Es war eine ganz besondere Geste der Liebe und des Vertrauens, die zeigte, dass ihre Verbindung nicht nur in Worten, sondern auch in tiefen Herzensgefühlen verankert war.

Es war ein Moment, der für die Ewigkeit bestimmt war. Und wir alle waren Zeugen dieses unvergesslichen Augenblicks, der uns daran erinnerte, dass wahre Liebe alle Hindernisse überwinden und Menschen zu wundervollen Veränderungen inspirieren kann.

Bevor wir uns auf den Weg zum Italiener machten, zauberte Jo plötzlich Handschellen aus seiner Hosentasche und befestigte sie spielerisch an Kathys Handgelenk. „Besser ist besser“, lachte er schelmisch.

Kathy und Jo gingen nun lachend Hand in Hand die Straße entlang. Viele Menschen, die ihnen begegneten, lächelten ihnen zu und wünschten ihnen von Herzen Glück.

Der Italiener in der Altstadt erwartete uns mit seinem warmen Ambiente und dem verführerischen Duft von frischer Pizza und hausgemachter Pasta. Wir nahmen an einem festlich gedeckten Tisch Platz und genossen das köstliche Essen, das vor uns aufgetischt wurde. Jeder Bissen war ein Genuss für die Sinne, und wir teilten Geschichten, lachten und fühlten uns einfach wohl in der Gesellschaft der frisch Vermählten.

Der Abend verging wie im Flug, und wir beschlossen, dass dieser Tag nicht das Ende unserer Verbindung sein sollte. „Warum treffen wir uns nicht zweimal im Jahr? Einmal zur Feier eures Hochzeitstages und einmal einfach so, um das Leben zu feiern“, schlug Paul vor, während er seine Freundin Edda liebevoll ansah. Diese Idee fand bei uns allen Anklang, und wir versprachen uns, diese Tradition zu pflegen.

Als der Abend langsam seinem Ende entgegenging, fühlten wir uns erfüllt von Glück und Dankbarkeit. Es war ein Tag voller Freude, Liebe und neuer Erinnerungen, die uns für immer verbinden würden. Wir verabschiedeten uns mit herzlichen

Umarmungen und festen Plänen, uns schon bald wiederzusehen.

Es war ein Abend, der uns gezeigt hatte, dass das Leben voller Überraschungen und kostbarer Momente steckt, die wir mit den Menschen teilen, die uns am Herzen liegen.

8. Links- oder Rechtshänder?

Schulz und Wagner parkten den zivilen Wagen, nachdem sie zur Adresse von Michael Graf gefahren waren, in einer malerischen Seitenstraße, flankiert von imposanten Lindenbäumen. „Ach, diese Bäume sollten verboten werden“, kommentierte Schulz. „Sobald man darunter parkt, kann man gleich zur Autowaschanlage fahren und Unmengen für die Reinigung ausgeben.“

Wagner zog seine Augenbraue und sprach: „Sei doch nicht schon wieder so negativ. Es ist doch eine vornehme und noble Wohngegend hier. Ich könnte mir eine Wohnung in der Südstadt niemals leisten, aber es ist dennoch ein großartiger Stadtteil.“

Schulz entgegnete: „Hast du wieder deine rosarote Brille auf?“

Wagner lächelte gelassen und erwiderte: „Nein, Schulz, ich sehe einfach auch die positiven Seiten. Du hingegen bist immer voreingenommen und zunächst ablehnend. Deshalb bist du der ‚böse‘ Polizist, wie du gerne sagst, und ich der ‚gute‘!“

Wagner betätigte die Klingel, und nach dem zweiten Mal ertönte ein surrendes Geräusch, gefolgt von einem leisen Klicken. Die massive Haustür öffnete sich von selbst. Schulz und Wagner betraten ein geräumiges und gepflegtes Treppenhaus. „Vornehm geht die Welt zugrunde“, stichelte

Schulz erneut. Wagner schwieg und begab sich die breite Treppe hinauf. Im zweiten Stock schaute jemand über das Treppengeländer und fragte: „Wollen Sie zu mir?“

Schulz antwortete: „Wenn Sie Herr Graf sind, dann ja.“

Der Unbekannte erwiderte: „Zweiter Stock, linke Seite.“

„Guten Tag, Herr Graf. Wir ermitteln im Mordfall Karl Kaufner und hätten ein paar Fragen an Sie“, sagte Wagner höflich.

„Na, dann kommen Sie herein. Bitte folgen Sie mir ins Wohnzimmer und nehmen Sie Platz“, lud Herr Graf die Ermittler ein.

Wagner warf einen Blick um sich und bemerkte: „Sie haben es sich hier sehr schön eingerichtet.“ Herr Graf antwortete: „Ja, das stimmt. Ich musste lange warten, bis eine für mich passende und bezahlbare Wohnung in der Südstadt frei wurde. Aber als sich die Gelegenheit bot, habe ich nicht gezögert.“

Wagner nahm die Einrichtung genauer unter die Lupe. Im Vergleich zur stilvollen Einrichtung seiner Schwester wirkte Herr Grafs Wohnung eher minimalistisch. Alles war in Schwarz-Weiß gehalten: ein weißes Sofa, weiße Lederstühle und ein Couchtisch mit einer schwarzen Schieferplatte. Die

Wände waren weiß tapeziert, und die Tapete erzeugte den Eindruck von übereinandergestapelten Schneekugeln, die beim längeren Betrachten allmählich verschwanden. Wagner dachte bei sich: Irre, was es heutzutage alles gibt.

Wagner steuerte auf eine kleine Wand zu, an der Familienfotos von Herrn Graf und Ilka, vermutlich aus seiner Kindheit, hingen. Er zeigte auf ein Bild und fragte: „Sind das Ihre Eltern hier vorne?"

Herr Graf antwortete etwas überrascht: „Äh ja, das stimmt. Aber ich nehme an, Sie wollten mich das nicht fragen, oder?"

Schulz mischte sich ein: „Nein, in erster Linie möchten wir wissen, wie und wo Sie Karl Kaufner kennengelernt haben."

Herr Graf antwortete gelassen: „Wie Sie sicher bemerkt haben, war Karl der Nachbar meiner Schwester. Da ich meine Schwester regelmäßig besuche, bin ich ihm natürlich im Treppenhaus ein paar Mal begegnet. Und als Karl eine Beziehung mit Ilka begonnen hat, haben wir uns öfter getroffen."

„Hm, ich dachte, Sie und Karl wären dicke Freunde", sagte Wagner verwirrt. „Wir haben den Chatverlauf zwischen Ihnen und Herrn Kaufner gelesen, und ich muss sagen, meine Ehefrau wäre eifersüchtig gewesen, wenn ich so oft mit jemandem geschrieben hätte wie Sie mit Karl!

Übrigens, wussten Sie, wie Karl Ihren Kontakt gespeichert hatte?“

Herr Graf war überrascht von der Offenheit der Ermittler und fragte neugierig: „Nein, das weiß ich nicht. Können Sie es mir sagen?“

Schulz antwortete knapp: „Schatzi!“

Michael Graf begann schallend zu lachen. „Ich gehe davon aus, meine Herren, dass Sie einen gewissen Verdacht in Bezug auf unsere Beziehung hatten?“, sagte er amüsiert.

„Ja, das ist richtig. Als ich den Chatverlauf gelesen habe, konnte ich kein Wort verstehen. Das ist ja eine komplett andere Sprache!“, erwiderte Schulz und schüttelte den Kopf.

Herr Graf hörte plötzlich auf zu lachen und wurde ernst. „Dürfen Sie einfach so unseren Chatverlauf lesen?“, fragte er pikiert.

„Nein, so einfach ist es nicht. Aber wir haben einen richterlichen Beschluss, und damit ist das kein Problem. Außerdem, was glauben Sie, was wir in unserer Arbeit schon alles lesen mussten. Im Vergleich dazu ist Ihr Bankenchinesisch völlig harmlos.“

„Was wir allerdings nicht verstehen, Herr Graf, ist, dass Sie als angesehener Banker offensichtlich von Karl wertvolle Tipps für Aktienkäufe erhalten haben. Woher hatte Herr Kaufner solch exklusive Informationen? Er hat Sie ja regelrecht dazu gedrängt, in die von ihm empfohlen Aktien zu investieren, und Ihnen möglicherweise geholfen, beträchtliche Gewinne zu erzielen."

„Wir haben eine ausführliche Bankenauskunft eingeholt, und ehrlich gesagt, war ich sprachlos, als ich den Wert Ihres Depots sah. Sie verdienen zweifellos nicht schlecht als erfahrener Börsianer, aber das, was Sie beide hier betrieben haben, ist äußerst risikoreich und spekulativ. Wir sind zwar nicht für Wirtschaftskriminalität zuständig, aber unser Anliegen ist es, den Mord an Karl Kaufner aufzuklären und die Hintergründe zu verstehen. Können Sie sich vorstellen, warum Karl Kaufner ermordet wurde?"

„Ich, nein, wieso?", stammelte Michael Graf. „Ich kann mir beim besten Willen nicht erklären, warum jemand Karl etwas antun sollte."

„Ach ja, eine Frage interessiert mich auch noch, wofür haben Sie 190.000 Euro in bar abgehoben?"

„Ich habe das Geld jemandem geliehen?"

„Nun, Herr Graf, lassen Sie sich doch nicht alles aus der Nase ziehen! Wem haben Sie so viel Geld geliehen?"

„Karl, ich habe Karl das Geld geliehen."

„Bei Herrn Kaufner wurde weder Bargeld gefunden, noch hat eine Einzahlung auf seinem Konto in der Höhe stattgefunden. Merkwürdig, finden Sie nicht, Herr Graf?"

„Wann haben Sie Herrn Kaufner denn das letzte Mal persönlich gesehen?", hakte Wagner nach.

„Ich kann es Ihnen gar nicht genau sagen. Es ist schon eine Weile her", antwortete Michael Graf nachdenklich.

„Was verstehen Sie unter ‚eine Weile'? Herr Graf, handelt es sich um einen Monat, zwei Monate oder noch länger?"

„Nein, ehrlich gesagt, ich kann es wirklich nicht genau sagen. Wie Sie bereits bemerkt haben, haben wir mehr Zeit miteinander gechattet, als uns persönlich getroffen. Ich würde sagen, dass ich Karl Anfang Juni das letzte Mal persönlich gesehen habe."

„Also etwa eine Woche vor seinem tragischen Tod?", fragte Schulz präzise nach.

„Ja, in etwa zu dieser Zeit. Haben Sie eigentlich einen Schlüssel zu Herrn Kaufners Wohnung?", fragte Wagner weiter.

„Ich nicht, warum sollte ich? Ilka hat mit Sicherheit einen Ersatzschlüssel, oder?"

„Ilka Graf hat dies bestritten", erwiderte Wagner. „Haben Sie einen Schlüssel bei Ihrer Schwester gesehen?"

„Nein, das war lediglich eine Vermutung meinerseits", sagte Michael Graf und wirkte nachdenklich.

„Wie ist eigentlich Ihr Verhältnis zu Ihrer Schwester?“

„Gut, sehr gut“, antwortete Michael Graf und ein Hauch von Angespanntheit lag in seiner Stimme.

Wagner fragte plötzlich Herrn Graf, ob er bitte ein Glas Wasser bekommen könne.

„Ja, natürlich“, antwortete Michael Graf höflich. Er begab sich in die Küche, man hörte das Öffnen einer Schranktür, das leise Klirren eines Glases und das Rauschen des Wasserhahns. Herr Graf kehrte mit einem Glas Wasser zurück zu Herrn Wagner und reichte es ihm.

„Oh, vielen Dank für das Wasser, es ist heute irgendwie heiß“, bemerkte Wagner und trank das Glas in einem Zug aus. Anschließend reichte er es Glas an Herrn Graf zurück, der es behutsam auf seinem eleganten schwarzen Schiefertisch platzierte.

In diesem Moment fiel Schulz noch eine Frage ein, die ihm auf der Zunge brannte. „Ach, übrigens, wenn ich fragen darf, wie groß sind Sie eigentlich?“, erkundigte er sich neugierig.

Michael Graf schaute einen Moment verwundert, bevor er antwortete: „Nun ja, in meinem Pass steht, dass ich 192 cm groß bin. Aber warum ist das von Bedeutung?“

Schulz grinste leicht und erwiderte nichts.

„Ich habe gerade bemerkt, dass Sie mir das Wasserglas mit Ihrer linken Hand gereicht haben.“

Herr Graf lächelte amüsiert und antwortete Wagner: „Ja, ich bin tatsächlich Linkshänder."

„Herr Graf, hiermit verhaften wir Sie wegen Mordverdachts im Fall Karl Kaufner. Ihre auffällige Abhebung einer erheblichen Summe in bar lässt uns vermuten, dass Sie eine Flucht beabsichtigen."

Herr Graf konnte es kaum fassen und empörte sich: „Was? Nur weil ich Linkshänder bin, Geld in bar abhebe und 192 cm groß bin? Das ist doch absurd! Es gibt doch Millionen von Linkshändern auf der Welt!"

Wagner schüttelte bedauernd den Kopf und erwiderte bestimmt: „Es tut mir leid, Herr Graf, aber in Anbetracht der Beweislage müssen wir entsprechende Maßnahmen ergreifen. Bitte strecken Sie beide Hände nach hinten."

Mit geübter Hand legte Wagner die Handschellen um Herrn Grafs Handgelenke und fuhr direkt mit ihm zur Justizvollzugsanstalt.

Zurück im Polizeirevier fanden Schulz und Wagner eine Nachricht des Staatsanwalts auf ihrem Schreibtisch vor. Der Staatsanwalt bat sie darum, die Aktiendepots von Michael Graf und Karl Kaufner sehr genau abzugleichen. Falls sie Hilfe benötigten, könnten sie die Abteilung für Wirtschaftskriminalität hinzuziehen.

„Hey, Schulz, hast du auch Aktien?“, fragte Wagner neugierig.

„Nein, wovon sollte ich die kaufen?“, antwortete Schulz. „Hast du Aktien?“

„Nicht mehr. Nach dem Hype der Neuerscheinungen habe ich alles verkauft“, erklärte Wagner. „Leider mit Verlust. Ich habe die Aktien zu lange gehalten. Hätte ich sie früher verkauft, hätte ich mir einen schicken neuen Kleinwagen leisten können.“

„Nun gut, dann kennst du dich ja bestens aus, Wagner. Schau du dir die Konten an. Mich interessiert das Thema überhaupt nicht“, meinte Schulz und reichte Wagner die Unterlagen.

Wagner legte die beiden Depots nebeneinander. „Die haben wirklich nur zehn verschiedene Aktien, aber die Anteile sind enorm. Beide haben fast 100.000 Euro investiert. Und alle Aktien haben etwas mit künstlicher Intelligenz zu tun.“

„Künstliche Intelligenz? Wofür braucht man das?“, fragte Schulz verwirrt.

„Na, hast du eine Alexa zu Hause?“, fragte Wagner.

„Ja, klar!“, antwortete Schulz.

„Na siehst du, das ist künstliche Intelligenz. Oder dein Navi.“

„Ich habe kein Navi, kann es mir nicht leisten“, erwiderte Schulz.

„Oder vielleicht gibt es etwas Neues in Sachen künstliche Intelligenz?“, mutmaßte Wagner oder er fragte es eher in den Raum. Schulz hörte jedoch schon gar nicht mehr zu.

„Alter Schwede, Schulz, komm mal bitte her und schau dir das an!“, rief Wagner plötzlich aufgeregt.

„Oh, Mann, Wagner, Aktien interessieren mich nicht. Was ist denn?“, antwortete Schulz desinteressiert, stand jedoch auf und ging zu Wagners Schreibtisch.

„Interessant“, murmelte er, „hier steht, dass Herr Graf noch einmal 1000 Stück dieser Aktie zugekauft hat. Und was sehen wir hier?“ Wagner hob die Augenbrauen und wandte sich an Schulz, der gespannt neben ihm stand. „Karl Kaufner hat am selben Tag ebenfalls genau 1000 Stück dieser Aktie nachgekauft. Ich gebe das jetzt an die Wirtschaftsexperten ab. Sollen die sich damit rumschlagen.“

Wagner griff am nächsten Tag zum Telefonhörer und rief Ilka Graf an, aber leider erfolglos. Sie war telefonisch nicht erreichbar. Wagner warf einen Blick auf die Uhr. Es war 15:12 Uhr. „Klar, alle anderen mussten genauso arbeiten zu dieser Zeit wie die Polizisten Wagner und Schulz“, murmelte er. „Bist du so weit auf dem Laufenden, Schulz?

Wenn ja, lass uns mal zur Seniorenresidenz fahren, in der Ilka Graf arbeitet.“

„Na gut, dann los. Aber lass mich fahren, sonst schlafe ich auf dem Beifahrersitz ein“, scherzte Schulz.

Wagner grinste und warf Schulz die Autoschlüssel zu. „Versuch einfach mal, eher ins Bett zu gehen!“

„Im Bett war ich eher, nur geschlafen habe ich da noch nicht“, erwiderte Schulz mit einem Grinsen.

9. Robi in der Senioren-Residenz

Mit einem amüsierten Lachen begaben sich die beiden Polizisten auf den Weg zur Seniorenresidenz. Die Anlage befand sich in idyllischer Lage inmitten einer malerischen Parklandschaft nahe der Eilenriede. Der Eingang der Residenz erinnerte eher an den Eingang eines exklusiven Hotels. Freundlich wurde das Duo von der Empfangsdame begrüßt, die Ilka Graf über das Eintreffen der beiden Beamten in Zivil informierte.

Kurz darauf trat Ilka Graf vor die beiden Polizisten, und anstelle einer herkömmlichen Begrüßung überraschte sie sie mit einer unerwarteten Frage: „Suchen Sie etwa für Ihre Rentenzeit ein neues Domizil?"

Wagner lächelte und entgegnete scherzhaft: „Ich fürchte, unsere Pensionen reichen nicht ganz aus, um in einer solch luxuriösen Residenz zu leben."

Ilka Graf bot ihnen einen Kaffee an und schlug vor, sich bei dem herrlichen Wetter gemeinsam in den Park zu setzen. Schulz nahm das Angebot gerne an und bat um Kaffee mit Milch und Zucker, während Wagner seinen Kaffee gerne schwarz trank.

„Vielen Dank, das ist sehr nett von Ihnen", bedankte sich Schulz.

„Keine Ursache, ich hole den Kaffee und treffe Sie dann gleich im Park", antwortete Ilka Graf charmant und begab sich in Richtung der Kaffeestation.

Wagner und Schulz folgten den Hinweisschildern, die die Flure der Residenz schmückten. Die Wände waren in strahlendem Weiß gestrichen und von bunten Streifen akzentuiert. Die Streifen dienten nicht nur der Ästhetik, sondern auch der Orientierung für die Bewohner und Besucher. Rote Streifen führten zu den Gymnastik- und Behandlungsräumen, während blaue Streifen die Etagen mit den komfortablen Appartements markierten. Gelbe Streifen wiesen den Weg zur stilvollen Kantine und dem gemütlichen Café. Und die grünen Streifen lockten nach draußen in den gepflegten Park, der mit blühenden Blumenbeeten und schattigen Bäumen zum Verweilen einlud.

Wagner und Schulz suchten sich eine idyllische Parkbank im angenehmen Schatten aus, um ein wenig Ruhe zu finden. Kaum hatten sie Platz genommen, näherte sich Frau Graf mit einer Kaffeekanne und zwei dampfenden Tassen. Wagner bedankte sich höflich und lobte die elegante Residenz. Mit einem stolzen Lächeln nickte Frau Graf und erwiderte: „Ja, hier kann man seinen Lebensabend wirklich in vollen Zügen genießen. Unsere Nachfrage ist hoch und die Warteliste für die Appartements ist lang. Die Räumlichkeiten werden schnell vermietet. Aber, meine Herren, da Sie kein Appartement beziehen möchten, sind Sie sicher aus einem anderen Grund hier“, bemerkte sie.

„Sie haben recht, Frau Graf.“ Schulz nahm einen Schluck seines dampfenden Kaffees und wagte eine weitere Frage: „Frau Graf, handeln Sie mit Aktien und besitzen Sie ein Wertpapierdepot bei einer Bank?“

Frau Graf schüttelte leicht den Kopf und erklärte: „Nein, Herr Schulz, ich bin eher konservativ, was meine Geldanlagen betrifft. Ich bevorzuge das Sparbuch oder Tagesgeldkonten. Das Geld, das ich habe, gebe ich lieber im Hier und Jetzt aus. Reisen und schöne Dinge für meine Wohnung machen mich glücklich, aber das ständige Zählen von Geld gehört nicht dazu.“

Wagner, der sich bislang eher zurückgehalten hatte, schaltete sich ein: „Verstehe. Noch eine letzte Frage: Wissen Sie, ob Ihr Bruder mit Karl Kaufner über Aktien gesprochen hat?“

Ilka Graf schaute zu Boden und dann zu Wagner. „Ja, ich weiß, dass die beiden Aktien gekauft haben. Für einen Börsenmanager wie meinen Bruder ist das ja auch nicht verwunderlich, oder?“

„Was uns jedoch wundert“, sprach Schulz, „ist, dass es im WhatsApp-Chat ersichtlich war, dass die Aktientipps von Karl Kaufner kamen und dann beide Aktien gekauft haben. Wir fragen uns die ganze Zeit, woher Karl Kaufner das Wissen hatte, welche Aktien steigen werden."

„Nun ja, es war sein Hobby", bestätigte Frau Graf. „Ich vermisse Karl!" An die beiden Polizisten gewandt fragte sie: „Was wird denn nun aus der Wohnung von Karl? Wer erbt die Aktien, die Karl hatte?"

Wagner und Schulz sahen sich an. Wagner antwortete: „Wir wissen es noch nicht genau, da Herr Kaufner weder verheiratet war noch uns bekannt ist, dass er Kinder hatte. Seine Eltern sind bereits verstorben, und wir haben kein Testament oder Ähnliches gefunden. Ich schätze, Vater Staat bekommt alles. Soweit ich weiß, wurde aber bereits ein Nachlassverwalter bestellt. Gut, Frau Graf, dann wollen wir auch nicht weiter Ihre kostbare Zeit stehlen. Vielen Dank für die ausführlichen Informationen und den hervorragenden Kaffee, den Sie uns serviert haben", sagte Wagner höflich, während er seine Tasse genussvoll leerte.

Beide Polizisten verabschiedeten sich und Ilka Graf bot ihnen an, sie zurück zum Ausgang zu begleiten. Gemeinsam machten sie sich auf den Weg durch die Flure der Residenz.

Während sie den Flur entlanggingen, drang fröhliches Gelächter aus der Nähe des Cafés zu ihnen herüber. Wagner bemerkte amüsiert: „Na, hier scheint ja ordentlich Stimmung zu sein."

Ilka Graf lachte und antwortete: „Ja, das klingt nach unserem Robi. Er ist bei den Bewohnern äußerst beliebt, insbesondere bei den Damen." Neugierig geworden, fragte Schulz nach: „Robi? Was genau meinen Sie damit, Frau Graf?"

Ein breites Lächeln erschien auf Ilka Grafs Gesicht, als sie antwortete: „Dann werde ich Ihnen unseren neuesten Zugang gleich zeigen. Bitte folgen Sie mir." Sie führte die beiden Polizisten ein paar Schritte weiter und öffnete eine Tür, hinter der sich ein großer Raum verbarg. Inmitten des Raumes bildeten etwa 15 Personen einen Kreis, wobei die Mehrheit ältere Damen waren. An der zentralen Stelle des Kreises stand ein lebensgroßer Roboter, ganz in strahlendem Weiß gehalten.

Der Roboter, liebevoll Robi genannt, trat in Aktion, als Ilka Graf eine Frage stellte. Mit seiner Stimme, die erstaunlich menschlich klang, fragte er nach der Hauptstadt von Schweden. Eine rüstige Dame antwortete mit einem freudigen Lächeln: „Stockholm!" Die anderen Frauen im Kreis reagierten mit einem Augenrollen und einer Mischung aus Bewunderung und Neid. Eine Frau empörte sich gar: „Immer gewinnst du? Ich schlage vor, wir spielen ein anderes Spiel!"

Kaum hatte sie diese Worte ausgesprochen, erfüllte der Raum sich mit einer gespannten Atmosphäre. Die Anwesenden saßen gespannt auf ihren

Stühlen, ihre Augen richteten sich auf den weiß glänzenden Roboter inmitten des Stuhlkreises. Die weichen Lichter im Raum warfen sanfte Schatten auf seine perfekt geformten Konturen, während er mit leiser Stimme sprach: „Ihr Wunsch sind Rechenaufgaben. Dann nun die erste Aufgabe: 101 plus 22."

Die ältere Dame mit ihrem eleganten Dutt, deren Augen vor Wissbegierde strahlten, zögerte keine Sekunde und antwortete wie aus der Pistole geschossen: „123!" Ein Ausbruch der Freude erfüllte den Raum, als sie ihre Antwort präsentiert hatte. Sie klatschte laut in die Hände, und ihre Begeisterung steckte die anderen Anwesenden an.

Doch plötzlich wurde die Atmosphäre im Raum angespannt. Eine andere Dame, mit einem strengen Blick und einem Hauch von Enttäuschung in ihrer Stimme, rief empört: „Immer gewinnst du! Ich bin dafür, dass wir ein anderes Spiel spielen!" Die Stimmung drohte zu kippen, als sich einige der Anwesenden der enttäuschten Dame anschlossen und ihre Frustration zum Ausdruck brachten.

Ilka Graf erkannte die aufkommende Unruhe und trat entschlossen vor den Roboter. Sie hob ihre Hand, um Ruhe zu signalisieren, und sprach mit ruhiger Stimme: „Moment, meine Lieben! Ich habe Ihnen doch schon mehrmals erklärt, dass Robi etwas Zeit braucht, um zwischen den Aufgaben zu wechseln. Er ist schließlich ein Computer. Bitte berücksichtigen Sie das und haben Sie etwas Geduld. Andernfalls müssen wir Robi wieder zur Reparatur schicken, und das möchten wir doch vermeiden, oder?“

Ihre Worte verfehlten ihre Wirkung nicht, und ein allgemeines Seufzen der Einsicht erfüllte den Raum. Die Anwesenden nickten zustimmend und unterdrückten ihre Ungeduld.

Die Spannung im Raum löste sich langsam, und ein Lächeln breitete sich auf Ilka Grafs Gesicht aus. Sie führte die Anwesenden aus dem Raum, während der Roboter weiterhin geduldig und bereit für neue Aufgaben dastand. Es war klar, dass die Begegnung mit Robi für viele der Bewohnerinnen und Bewohner zu einem unterhaltsamen und faszinierenden Erlebnis geworden war.

Schulz konnte ein amüsiertes Lächeln nicht verbergen und meinte scherzhaft: „Das ist wohl das neue Spielzeug im Alter, oder? Aber ich muss sagen, es ist schon erstaunlich, wie blitzschnell der Robi reagiert und die richtigen Lösungen kennt.“

Ilka Graf nickte zustimmend und fügte hinzu: „Ja, aber noch beeindruckender sind die Roboter auf unserer Pflegestation. Sie sind wahre Helfer und können mühelos bettlägerige Menschen umdrehen oder sanft aufrecht hinsetzen. Selbst das Festhalten gelingt ihnen spielend.“

Schulz war beeindruckt von der technischen Entwicklung und fragte neugierig: „Funktioniert das alles wirklich nur mit Sprachbefehlen?“

Ilka Graf bejahte und erklärte: „Ja, wir befinden uns zwar noch in der Testphase, aber bereits jetzt lässt sich deutlich erkennen, wie unser Pflegepersonal von dieser neuen KI, der künstlichen Intelligenz, profitiert. Die Rückenbeschwerden und Bandscheibenvorfälle unserer Mitarbeiter nehmen spürbar ab. Es ist faszinierend zu sehen, wie der Computer durch selbstständiges Lernen immer besser wird.“ Ilka Graf zögerte einen Moment, bevor sie ihre Erklärung fortsetzte. Ihre Augen schweiften gedankenvoll ab, während sie versuchte, die Konsequenzen eines negativen Einsatzes von KI zu verdeutlichen. Mit sanfter Stimme setzte sie an: „Stellen Sie sich vor, Sie wären eine Frau, die sich von Robi charmant umworben fühlt. Jedes Mal, wenn er Ihnen ein Kompliment macht oder liebevolle Worte äußert, spüren Sie eine Wärme in Ihrem Herzen. Es erfreut Sie und lässt Sie sich besonders und geschätzt fühlen. Diese positive Erfahrung kann Ihr Selbstbewusstsein stärken und Ihr Wohlbefinden steigern.“ Sie machte eine kurze Pause und ihr Blick wurde ernster, während sie ihre Worte wählte. „Aber stellen Sie sich nun vor, dass derselbe Roboter plötzlich negativ programmiert ist. Er äußert beleidigende oder abwertende Kommentare gegenüber Frauen und generalisiert Männer als dumm. Jedes Mal, wenn er Ihnen begegnet, wird er Ihnen diese negativen Aussagen entgegenbringen. Das könnte Ihre Stimmung beeinträchtigen, Ihr Selbstwertgefühl mindern und möglicherweise sogar zu emotionalen Verletzungen führen. Die Auswirkungen könnten weitreichend sein und das Vertrauen in KI und Technologie insgesamt beeinflussen." Ilka Graf hielt einen kurzen Augenblick inne, bevor sie ihre Gedanken weiter ausführte: „Es ist von großer Bedeutung zu begreifen, dass künstliche Intelligenz nicht nur als Werkzeuge betrachtet werden sollten. Sie tragen eine bedeutende Verantwortung in sich, die wir nicht außer Acht lassen dürfen."

Schulz war überrascht von dieser Erklärung.

Die beiden Polizisten bedankten sich herzlich bei Frau Graf für die aufschlussreiche Unterhaltung und die Einblicke in die moderne Technologie. Sie verabschiedeten sich höflich und verließen die Residenz.

Im Streifenwagen herrschte eine bedrückte Stille, während beide Polizisten in ihren eigenen Gedanken versunken waren. Erst als sie das Revier betraten, fand Wagner als Erster seine Sprache wieder. Er räusperte sich und sagte zu Schulz: „Sag mal, könntest du dir vorstellen, im Alter von einem Roboter im Bett umgedreht zu werden?“ Schulz zog eine Augenbraue hoch und antwortete mit einem Grinsen: „Nun, das kommt wohl darauf an, ob die Hände von Robi warm oder kalt sind und ob er sehr zärtlich ist. Warum nicht? Wenn man bedenkt, wie manche Pfleger aussehen, möchte ich auch nicht unbedingt von einem tätowierten Bodybuilder umgedreht werden.“

Wagner schluckte bei Schulz‘ Antwort und fand seine Gedanken beunruhigend. „Das bereitet mir eher Angst“, begann er nachdenklich. „Stell dir mal vor, jemand nutzt solche Roboter für Einbrüche, Sitzblockaden oder sogar als Schlägertrupps. Oder noch schlimmer, jemand stellt eine ganze Armee von Robotern zusammen. Ist das Science-Fiction? Oder sind wir bereits mitten drin?“ Wagner erschauderte bei seinen eigenen Worten und spürte eine gewisse Beklemmung.

Die beiden Polizisten verließen das Revier und machten Feierabend. Doch die Frage nach der Rolle der Roboter in der Gesellschaft und ihren potenziellen Gefahren ließ Wagner auch zu Hause nicht los. Er wusste, dass es wichtig war, sich mit diesen Entwicklungen auseinanderzusetzen und die möglichen Konsequenzen im Blick zu behalten.

Michael Graf wurde nach den üblichen Prozeduren in der Justizvollzugsanstalt eingewiesen und kam in eine Einzelzelle, in der er nun seine Zeit verbringen musste. Die Verhaftung hatte ihn schwer getroffen und die Verzweiflung war deutlich in seinem Gesicht abzulesen. Im Verhör beteuerte er erneut seine Unschuld und betonte, dass er Karl Kaufner niemals etwas zuleide getan habe. Doch die Beweislage schien gegen ihn zu sprechen. Als angesehener Banker befand er sich nun im Gefängnis, was nicht nur den Verlust seines Arbeitsplatzes bedeutete, sondern auch seine berufliche Zukunft infrage stellte. Zudem fehlten ihm nun auch noch die 190.000 Euro, die er abgehoben hatte.

Michael Graf wurde gestattet, zwei Telefonate zu führen. Als Erstes kontaktierte er seinen Anwalt, um sich über die aktuelle Situation zu informieren und rechtlichen Beistand zu erhalten. Anschließend wählte er die Nummer seiner Schwester Ilka Graf, um ihr seinen aktuellen Aufenthaltsort mitzuteilen und ihr von der veränderten Lage zu berichten. Es war schwer für Michael Graf, sich in dieser ausweglosen Situation zu befinden.

10. Insiderhandel

Michael rief seine Schwester Ilka an. „Hey, wie geht es dir, Schwesterlein?“, fragte er.

„Gut, aber sag mal, die Polizei war heute bei mir und hat gefragt, ob ich wüsste, woher Karl und du solch ein Insiderwissen bei den Aktien hattet und ob ich auch mit Aktien handle. Sie wussten sogar, dass die guten Tipps von Karl kamen und nicht von dir. Bitte, Michael, sei ganz ehrlich zu mir. Was sind das für Geschichten mit den Aktien? Hast du dich beim Kauf übernommen? Was sind das überhaupt für Aktien, in die ihr investiert? Woher hatte Karl die Informationen? Was ist, wenn das schief geht? Bitte, Michael, bitte sag mir die Wahrheit. Seid ihr in irgendetwas verstrickt?“ Ilka Graf zitterte leicht, während sie das Telefonat mit ihrem Bruder führte. Die Worte ihrer eigenen Stimme klangen ihr in den Ohren nach, und die Ungewissheit über Michaels mögliche Verwicklung legte sich wie eine schwere Last auf ihre Schultern. Sie versuchte, ihre Gefühle zu kontrollieren.

„Sag mal, spinnst du?“, antwortete Michael empört. „Nein, ich kaufe und verkaufe Aktien. Natürlich bin ich Karl für seine Tipps dankbar, schließlich habe ich an den Aktien auch schon ein schönes Sümmchen verdient. Das heißt aber nicht, dass ich in kriminelle Machenschaften verwickelt bin!“

Die Stimme von Michael klang beleidigt und empört, als er seine Unschuld beteuerte. Ilka spürte eine Mischung aus Erleichterung und Zweifel. Konnte sie ihrem Bruder wirklich vertrauen?

Ilka Graf unterbrach ihren Redefluss auf Michaels Bitte hin. Michaels verzweifelte Stimme ließ sie sofort erkennen, dass etwas nicht stimmte. „Was ist los, Michael?“, fragte sie besorgt.

Vorsichtig begann er zu erzählen: „Ich muss dir etwas sagen. Gestern wurde ich verhaftet.“

Ilka konnte kaum glauben, was sie hörte. Ihr Bruder, ein Mann mit einer untadeligen Reputation, saß nun im Gefängnis. „Verhaftet? Aber warum? Was ist passiert?“, fragte sie aufgeregt.

Michael antwortete mit gedämpfter Stimme: „Sie beschuldigen mich des Mordes an Karl.“

Ein Schock durchfuhr Ilka. „Das kann nicht sein! Sie müssen dich freilassen, Michael“, rief sie verzweifelt aus.

Michael versicherte ihr, dass er bereits einen Anwalt eingeschaltet hatte, und bat sie, ihm Waschzeug und saubere Wäsche in die JVA zu bringen. Die Bedingungen dort seien alles andere als angenehm. Ilka nickte stumm, während ihr Kopf von Gedanken und Sorgen überflutet wurde. „Und mit welcher Begründung haben sie dich festgenommen?“, fragte sie mit besorgter Miene.

Michael seufzte und antwortete: „Aufgrund meiner Körpergröße, meiner Linkshändigkeit und weil ich Karl 190.000 Euro geliehen habe. Es ist kompliziert, Ilka. Ich habe Karl das Geld geliehen, aber aus irgendeinem Grund haben sie es bei ihm nicht gefunden."

Eine drückende Stille legte sich zwischen die Geschwister, als sie versuchten, die unerklärlichen Wendungen des Schicksals zu begreifen. Schweren Herzens beendeten sie das Gespräch und Ilka ließ sich auf einen Stuhl sinken. Während sie hinaus in die Ferne starrte, dachte sie intensiv darüber nach, wie sie ihrem Bruder helfen konnte.

Mit zärtlichen Streicheleinheiten verwöhnte Henry meinen Rücken, und kleine Schauer der Wonne durchzogen meinen Körper. Doch plötzlich unterbrach er die romantische Stimmung mit einer verrückten Bemerkung: „Irgendwie komisch, dass erst ein Mord passieren musste, damit wir uns wiedertreffen und uns Hals über Kopf verlieben."

„Bist du etwa bis über beide Ohren in mich verknallt?", fragte ich mit einem schelmischen Grinsen.

Henry antwortete lächelnd: „Ja, ich habe eine ganze Schmetterlingsfarm verschluckt! Die flattern wild in meinem Bauch herum."

Ich konnte mir ein Lachen nicht verkneifen und entgegnete: „Ach, ich dachte immer, nur wir Frauen haben diese Bauchschmetterlinge."

„Hältst du uns Männer etwa für gefühlskalt?"

Ich schüttelte den Kopf und konterte: „Nein, nein, das war eigentlich nicht meine Absicht!"

„Was heißt hier eigentlich? Wenn du so frech bist, muss ich dir vielleicht den Po versohlen!"

Ich kuschelte mich noch enger an Henry heran und genoss den verführerischen Duft seines Aftershaves. „Sag mal, warum riechst du eigentlich immer so fantastisch?", fragte ich neugierig.

Henry gab sich ganz geheimnisvoll und scherzte: „Das Geheimnis liegt in einer Kombination aus Wasser, Seife und einem magischen Aftershave. Klingt simpel, aber es wirkt Wunder!" Plötzlich wollte Henry wissen: „Übrigens, wie lange sind wir eigentlich schon zusammen? Schon eine halbe Ewigkeit, oder?"

Ich grinste schelmisch zurück und erwiderte: „Nun ja, das hängt davon ab, ab welchem Tag wir zählen. Bist du etwa auf der Suche nach einem speziellen Jubiläum, mein lieber Henry?"

„Ja, ich glaube schon. Wir nehmen einfach den 10. Juni, Karls Todestag."

„Findest du das nicht respektlos?", fragte ich zögerlich.

„Nein, liebe Petra, ich betrachte es als Schicksal. Das Leben nimmt manchmal Umwege, so, wie in unserem Fall.“

„Ich schäme mich ein wenig, weil ich mit dir so glücklich bin!“, gestand ich aufrichtig.

„Oh, dann schäme dich ruhig weiter, meine Liebe. Ich finde, das steht dir ausgezeichnet“, erwiderte Henry mit einem verschmitzten Lächeln. „Übrigens, ich habe plötzlich richtig Hunger bekommen!“, verkündete Henry.

„Oh, Henry, aber ich habe nichts im Haus“, entgegnete ich leicht enttäuscht.

„Hm, ich weiß, was uns sättigen und unseren Appetit anregen könnte“, flüsterte Henry verführerisch. Er begann, während er mich küsste, meine Bluse und meinen BH auszuziehen. Zärtlich liebkoste er meine Brustwarzen, und ich stöhnte leise vor Lust auf. „Hast du auch Hunger?“, fragte er.

„Ja, und wie!“, antwortete ich atemlos.

Während Wagner Schulz über den Anruf des Nachlassverwalters von Karl Kaufner informierte, ließen sie sich in ihren gemütlichen Bürostühlen nieder. Die wenigen Sonnenstrahlen warfen sanfte Lichtreflexe durch das Fenster und tauchten den Raum in eine warme Atmosphäre.

Schulz schüttelte nachdenklich den Kopf und seine Augen wanderten über die Akten auf dem

Schreibtisch. „Unglaublich, dass es in diesem Fall keine Angehörigen gibt und kein Testament hinterlassen wurde. Das bedeutet, dass das ganze Vermögen von Karl einfach aufgelöst wird. Ob wir noch einen letzten Besuch in der Wohnung machen sollten, bevor die Wohnung aufgelöst wird?“, fragte er seinen Kollegen.

Wagner lehnte sich zurück und betrachtete nachdenklich die Bilder an der Bürowand. Dann verneinte er die Frage. „Was sollten wir dort auch finden? Die Spurensicherung hat bereits jeden Winkel durchsucht. Aber du hast recht, Schulz, es ist frustrierend. Es sieht so aus, als ob wir diesen Fall ohne einen klaren Täter oder eine Täterin abschließen werden. Nur aufgrund von Indizien hat einen leichten Beigeschmack. Ausgerechnet unser erster ungelöster Fall hier auf dem Revier“, sagte er mit einem leichten Seufzen.

Schulz nickte zustimmend. „Ja, es ist frustrierend, wenn wir keine klaren Beweise finden können. Petra Ingmann hatte ein starkes Motiv, aber wir mussten sie gehen lassen. Ilka Graf, die neue Freundin von Kaufner, scheint kein Motiv zu haben, und auch bei Michael, Karls Freund, konnten wir bisher nichts nachweisen. Wir haben lediglich Indizien. Und dann ist da noch das Geld, die 190.000 Euro Barabhebung. Alles wirkt so undurchsichtig. Michael Graf behauptet, er habe das

Geld Karl geliehen, aber wir konnten es weder in Karls Wohnung noch im Keller finden. Und von der Tatwaffe fehlt ebenfalls jede Spur“, fügte er hinzu. Während sie die Fakten erneut durchgingen, begann die Sonne langsam unterzugehen und tauchte die Szenerie in warmes Abendlicht.

11. Der Fund

Zwei Tage später erhielten Schulz und Wagner einen aufgeregten Anruf von Herrn Sennholz, dem Hausmeister von Karl Kaufners Wohnanlage. Herr Sennholz drängte darauf, die beiden Kollegen sofort zu sprechen. „Was gibt es denn so Dringendes, Herr Sennholz?“, fragte Schulz neugierig. Schon zu Beginn des Gesprächs merkte er jedoch, dass Herr Sennholz außer sich war. Anstatt mit einem freundlichen „Guten Morgen“ anzufangen, fiel er gleich mit der Tür ins Haus.

„Es ist eine Sauerei auf dem Gehweg und der Straße! Das hätte man doch vorher mit mir absprechen müssen! So geht das nicht!“, wiederholte Herr Sen aufgebracht. Schulz unterbrach den Redeschwall und versuchte, Herrn Sennholz zu beruhigen. „Ganz ruhig, Herr Sennholz.“

„Wissen Sie, was hier los ist? Vor unserem Haus finden plötzlich Plünderungen statt! Die Leute wühlen hier einfach herum und werfen fast alles wieder aus dem Container heraus. Können Sie nicht vorbeikommen und hier für Ordnung sorgen?“, fragte Herr Sennholz verzweifelt.

Schulz seufzte und versuchte, Herrn Sennholz zu beruhigen, der außer sich war. Nun fing auch Wagner an zu motzen. „Sind wir jetzt wieder Straßenpolizisten, dass wir hier abriegeln sollen? Das geht doch gar nicht!“ Wagner, der immer noch aufgebracht war, erwiderte: „Man kann auch aus einer Mücke einen Elefanten machen!“

Schulz beschloss schließlich, alleine zur Wohnungsräumung zu fahren. Wie kann man nur so viel Aufhebens darum machen?, dachte er bei sich, nahm seine Jacke vom Haken und verließ das Revier, um der Angelegenheit auf den Grund zu gehen.

Schon von Weitem sah Schulz eine größere Menschenansammlung vor einem Container. Als er sein Auto geparkt hatte und auf dem Weg zur Wohnung war, entdeckte er Herrn Sennholz, der ungeduldig auf ihn wartete. „Na endlich, wo bleiben Sie denn so lange?“, sagte dieser mit relativ ruhiger Stimme. Schulz sprach die Leute an und bat sie höflich, nichts zu entwenden, da sie sich ansonsten Strafanzeigen wegen Diebstahls einhandeln würden. Unter Gemurmel verließen die Leute den Container. Schulz brachte das mitgebrachte Absperrband an und wandte sich an Herrn Sennholz: „Nun, Herr Sennholz, sind Sie mit der Absperrung zufrieden?“

Herr Sennholz lächelte zustimmend und antwortete: „Ja, absolut. Ach, Herr Schulz, da Sie schon hier sind, auch ich habe etwas gefunden. Es ist vermutlich belanglos, aber nach Ihrer Strafpredigt möchte auch ich nichts behalten.“

Schulz war neugierig und fragte: „Was haben Sie denn gefunden?“

Herr Sennholz erzählte ihm, dass sie Holzgardinenstangen gefunden hatten und als eine davon einem Arbeiter herunterfiel, bemerkten sie, dass die Gardinenstange hohl war. Sie hielten sie nach unten und ein Zettel und ein seltsames Ding fielen heraus. Herr Sennholz griff in seine Hosentasche und zog einen kleinen USB-Speicher hervor. „Mein lieber Herr Sennholz, das müssen Sie der Polizei mitteilen!“, sagte Schulz überrascht.

Herr Sennholz verdrehte die Augen und erwiderte: „Mache ich doch, oder sind Sie von der Müllabfuhr?“

„Nein, natürlich nicht. Aber Sie hätten das doch direkt sagen müssen.“

Herr Sennholz entgegnete schmunzelnd: „Hören Sie mir denn nicht zu? Ich habe doch bei Ihnen angerufen und gesagt, Sie sollen schnell vorbeikommen.“

Schulz schwieg, da er gegen die Logik von Herrn Sennholz nichts einzuwenden hatte. Fast freundschaftlich klopfte er Herrn Sennholz, genannt Sen, auf die Schulter und sagte mit Ironie: „Toll gemacht, Herr Sen.“

Herr Sennholz lächelte verschmitzt und antwortete: „Na, geht doch!“

Schulz zückte sein Handy im Streifenwagen und wählte die Nummer von Wagner, der noch auf dem Revier saß. Begeistert erzählte Schulz seinem Partner von dem mysteriösen Fund, ohne jedoch genau zu wissen, um was es sich handelte. Doch allein die Tatsache, dass etwas entdeckt worden war, das von der Spurensicherung übersehen worden war, erfüllte Schulz mit Stolz und Freude.

Wagner konnte die Aufregung in Schulz‘ Stimme hören und jubelte: „Oh Mann, endlich geht es weiter! Fahr etwas schneller, ich warte schon sehnsüchtig auf dich!“ Wagner spürte die Energie, die von Schulz ausging, und freute sich auf die neuen Entwicklungen in dem Fall. „Ich werde schon mal die Spurensicherung informieren und ihnen mitteilen, dass sie schlampig gearbeitet haben“, fügte Wagner grinsend hinzu.

Schulz trat noch einmal kräftig aufs Gaspedal und spürte den Adrenalinschub, der ihn erfüllte. Die Vorstellung, dass der Fall plötzlich eine Wendung nahm und sie möglicherweise einen entscheidenden Durchbruch hatten, trieb ihn voran. Er konnte es kaum erwarten, Wagner zu treffen und gemeinsam die nächsten Schritte zu planen. Schulz raste zum Revier, voller Vorfreude auf das, was sie nun erwartete.

Auf dem Revier angekommen, hatte Wagner bereits den Rechner wieder hochgefahren, den er eigentlich schon herunterfahren wollte, um Feierabend zu machen. Schulz eilte förmlich durch das Gebäude und kam völlig außer Atem in ihrem gemeinsamen Büro an. „Hier, hier ist unser Fund!“, rief er aufgeregt und reichte Wagner den Zettel. Doch als Wagner den Zettel betrachtete, war er enttäuscht. Auf dem Zettel stand lediglich die Zahl 88000. „Was soll das denn sein?“, rief er verwirrt aus. „Ich dachte, wir hätten etwas Brauchbares für unseren Fall gefunden.“

Schulz versuchte die Reaktion seines Partners zu verstehen und erklärte: „Ja, ich verstehe deine Enttäuschung, aber sowohl der Zettel als auch der USB-Stick waren in der hohlen Gardinenstange versteckt, die wir gefunden haben.“

Wagner fragte scharf: „Wer hat das überhaupt gefunden?“

„Das war der Hausmeister Sennholz.“

Wagner zögerte einen Moment und sagte dann: „Würdest du dir die Mühe machen, so etwas zu verstecken?“

Schulz antwortete nachdenklich: „Nein, wahrscheinlich nicht. Aber ich verstehe einfach nicht, was es mit dieser Zahl auf sich hat.“

Schulz schlug vor, den Inhalt des USB-Sticks auszulesen, um herauszufinden, was sich darauf befand. Beide Polizeibeamten setzten sich gespannt vor den Computer. Mit einem Doppelklick öffneten sie die Datei auf dem Stick, doch auch dort fanden sie nur eine Abfolge von Zahlen.

„Na toll“, seufzte Schulz. „Was sollen denn das für Zahlen sein? Sieht fast wie ein Sudoku aus“, scherzte er.

Wagner antwortete genervt: „Ich werde dir gleich ein Sudoku verpassen.“

Schulz lachte und erwiderte: „Mann, ich fühle mich wie Sherlock Holmes.“

Wagner beschloss, nach Hause zu gehen, und sagte: „Na dann fang mal an zu detektieren. Ich gehe jetzt nach Hause.“ Mit diesen Worten verließ er das Büro.

POK Schulz war noch zu aufgeregt, um nach Hause zu gehen. Sein Ehrgeiz war geweckt. Er gab die Zahlenfolge 88000 in den Computer ein und das Ergebnis bei Google zeigte das Lego Set Nr. 88000 an. Darunter befand sich eine Power Box mit dieser Artikelnummer. Außerdem stieß er auf ein Senso-Kühlmittel. „Hmm“, murmelte Schulz nachdenklich und sah sich die Zahlen noch einmal an. „Was könnte das bedeuten? Vielleicht geht es um Aktien!“

Entschlossen tippte Schulz das Wort „Aktie 88000“ in die Suchmaschine und ein Treffer erschien auf dem Bildschirm. Mit steigender Spannung las er die Worte, die dort geschrieben standen. Es hieß, dass diese spezielle Aktie ein explosives Wachstumspotenzial besitzt und möglicherweise eine atemberaubende Rendite von 300 Prozent innerhalb eines Jahres erzielen könnte. Ein triumphierendes Lächeln breitete sich auf Schulz' Gesicht aus und er griff hastig nach seinem Notizblock, um die Wertpapierkennnummer (WKN) 88000 festzuhalten. „Das ist es!", flüsterte er aufgeregt. Jetzt machte auch er Feierabend.

Sowohl Wagner als auch Schulz hatten eine unruhige Nacht verbracht und fanden sich unabhängig voneinander um sieben Uhr morgens im Revier ein. Sie gönnten sich einen dringend benötigten Kaffee aus der Kantine, bevor Schulz begann, von seinen jüngsten Erkenntnissen zu berichten. Gestern Abend hatte er herausgefunden, dass es sich höchstwahrscheinlich um eine Aktie mit der Wertpapierkennnummer 88000 handelte. Diese Aktiengesellschaft hatte sich auf die Bereitstellung von Know-how im Bereich künstlicher Roboter spezialisiert.

Gemeinsam machten sie sich daran, die verwirrenden Zahlen auf dem USB-Stick zu entschlüsseln. Hierfür verwendeten sie ein speziell dafür entwickeltes Programm. Wagner war derjenige, der es als Erster herausfand. „Bingo!“, rief er aufgeregt aus. „Das ist so einfach, das hätten wir auch selbst herausfinden können. So etwas haben wir schon in der Schule verwendet, um verschlüsselte Botschaften zu entschlüsseln, wenn niemand sie lesen durfte. Das ist das Alphabet 1=A, 2=B, 3=C.“

Wagner kopierte den verschlüsselten Inhalt des Sticks und fügte ihn geschickt in das speziell programmierte Entschlüsselungsprogramm ein. Die Sekunden schienen endlos zu vergehen, während das Programm die Buchstaben und Zahlen analysierte und ein Muster zu erkennen versuchte. Dann erschien die ersehnte Nachricht auf dem Bildschirm – ein klarer Text, der ihre Vermutungen bestätigte und neue Rätsel aufwarf.

Sollte jemand diese Botschaft finden, bin ich tot. Ich möchte betonen, dass ich niemals selbstmordgefährdet war. Mein Tod war ein Mord. Ich hatte nur wenige Freunde, aber dafür umso mehr Feinde! Ja, ich gebe zu, dass ich mein Wissen über Aktien missbraucht habe.

Ilka Graf ist unschuldig. Sie hatte keine Kenntnis davon, dass ich ihr Wissen missbraucht habe. Ich habe meinen Freund Michael Graf erpresst und von ihm 190.000 Euro gefordert. Es tut mir leid! Bitte vergib mir!

Wagner und Schulz waren fassungslos. „Okay, wir werden beide Geschwister getrennt voneinander aufs Revier bestellen und ihnen eine Kopie dieses Abschiedsschreibens vorlegen“, sagte Schulz nachdenklich. „Es wird spannend sein, zu beobachten, wie sie darauf reagieren. Und wie wird Michael Graf darauf reagieren? Immerhin hat er seinen Freund Karl nicht verraten. Warum hat er ihn nicht verraten? Immerhin wurde er von Karl erpresst um 190.000 Euro. Ein weiteres starkes Motiv. Er ist auch Linkshänder, aber angeblich war er nicht am Tatort.“

12. Einer lügt

Wagner arrangierte telefonisch einen Termin mit der Gefängnisleitung, um Michael Graf, der sich in Untersuchungshaft befand, zum Verhör am nächsten Tag auf das Revier zu bringen. Polizeibeamte holten Michael Graf aus dem Gefängnis ab. Pünktlich um 16 Uhr erschien Michael Graf, ohne zu wissen, dass seine Schwester Ilka gerade von dem Polizisten Schulz im Nebenraum vernommen wurde. Nachdem Wagner die Personalien von Michael Graf erneut überprüfte und ihm mitteilte, dass er das Recht habe, einen Anwalt hinzuzuziehen, was Herr Graf ablehnte, wurde das Gespräch von Michael Graf aufgezeichnet.

„Herr Graf, wir haben gestern etwas Interessantes in Karl Kaufners Wohnung gefunden. Können Sie sich vorstellen, was es war?“, fragte Wagner.

„Nein, woher soll ich das wissen?“

„Keine Ahnung“, antwortete Michael Graf.

Wagner überreichte ihm daraufhin eine Kopie des Abschiedsschreibens von Karl Kaufner. Herr Graf begann zu zucken, wie es manchmal Frauen tun, wenn sie weinen, ohne Tränen zu vergießen. Wagner schwieg und ließ die Nachricht bei Michael Graf wirken.

Nachdem Michael sich gefangen hatte, schaute er Wagner an und sprach: „Ja, es stimmt. Karl hat mich um 190.000 Euro erpresst.“

Wagner fragte nach: „Womit konnte er Sie erpressen?“

Michael Graf erklärte: „Karl wusste, dass es mich meinen Job kosten würde, wenn man erfährt, dass ich seine Insidertipps an meine guten Kunden weitergegeben habe. Ich konnte durch den Kauf der Aktien meine Provision zusätzlich steigern. Ich habe also doppelt verdient, einmal mit meiner eigenen Anlage und durch die erhöhte Provision. Karl wollte daran beteiligt werden. Als ich das ablehnte, wurde Karl sauer und erpresste mich.“

„Karl Kaufner muss Angst um sein Leben gehabt haben, sonst hätte er doch nicht diese verschlüsselte Botschaft geschrieben“, mutmaßte Schulz. „Er hat Ihnen vielleicht nicht mehr vertraut!“

Wagner hatte eine Zwischenfrage: „Herr Graf, wann fand dieses Gespräch zwischen Ihnen und Karl Kaufner statt?“

Michael Graf antwortete: „Es war drei Tage, bevor ich das Geld von meinem Konto in bar abgeholt habe.“

„Sie haben ihm einfach das Geld gegeben?“, fragte Wagner erstaunt. Michael Graf antwortete: „Ja, ich habe darüber nachgedacht, ihn bei der Aufsichtsbehörde anzuzeigen. Aber Ilka ist meine Schwester. Sie hätte dann ihren Freund und Bruder im Gefängnis besuchen können. Wir hatten gut verdient und dachten, dass es so weitergehen würde.“

„Haben Sie keinen Groll gegen Herrn Kaufner gehegt? Haben Sie die Erpressung einfach so akzeptiert?“, fragte Wagner.

„Sehen Sie, Herr Wagner, wenn niemand etwas von unseren nicht ganz sauberen Aktienkäufen erfahren hätte, wären wir beide Millionäre geworden. Da kam es mir nicht auf 190.000 Euro an.“

„Können Sie mir mitteilen, was Karl Kaufner mit dem Geld vorhatte?“

„Nein, aber ich nahm an, dass er das Geld für weitere Aktienkäufe brauchte“, antwortete Michael Graf.

Wagner fuhr fort: „Wir haben das Geld nicht gefunden, und es wurden keine Aktienkäufe getätigt. Er hat das Geld auch nirgends eingezahlt.“

Michael Graf antwortete bedauernd: „Sorry, dazu kann ich leider nichts sagen.“

Wagner ging nicht weiter darauf ein: „Ja, Herr Graf, das klingt plausibel, aber warum haben Sie uns das nicht schon vorher erzählt? Das muss doch auch einen Grund gehabt haben, oder?“

„Ich habe einen guten Freund verloren. Warum sollte ich sein Ansehen im Nachhinein beschmutzen? Ich weiß doch, dass auch ich Dreck am Stecken habe.“

Wagner stimmte zu: „Da haben Sie allerdings recht. Gegen Sie wird ein Verfahren eingeleitet, aber das ist nicht mehr unsere Baustelle. Herr Graf, momentan sind Sie unser Hauptverdächtiger", begann Wagner ernst. „Ich empfehle Ihnen dringend, einen Anwalt zu konsultieren. Sie sind Linkshänder, haben ein mögliches Tatmotiv aufgrund der Erpressung durch Karl Kaufner und Sie könnten auch körperlich zu der Tat fähig sein. Bedauerlicherweise fehlt uns die Tatwaffe, aber Indizien können durchaus zu Verurteilungen führen. Herr Graf, möchten Sie dieses Protokoll unterschreiben und bestätigen, dass alles der Wahrheit entspricht?"

Michael nahm den ihm gereichten Kugelschreiber und unterzeichnete das Protokoll. „Vielen Dank, Herr Wagner, für den Ratschlag. Ich werde mir einen Rechtsbeistand informieren, da meine Situation momentan wohl nicht gerade rosig aussieht." Wagner bat die beiden Polizisten, Michael Graf zurück ins Gefängnis zu bringen.

Polizist Wagner betrat den Nebenraum, in dem Ilka Graf gemeinsam mit seinem Kollegen Schulz saß. Er grüßte die beiden lediglich mit einem Nicken und nahm neben Schulz Platz. Schulz hatte Ilka Graf gerade den Abschiedsbrief von Karl Kaufner gezeigt, der in Form einer Kopie vorlag. Ilka Graf entschied sich dafür, auf rechtlichen Beistand zu verzichten. Als sie den Brief gelesen hatte, wurden ihre Augen feucht und leise Tränen kullerten über ihre Wangen. Wagner und Schulz schwiegen respektvoll, während sie Ilka Graf die Möglichkeit gaben, sich zu sammeln.

Schließlich fragte Wagner mitfühlend: „Frau Graf, was geht gerade in Ihnen vor? Was berührt Sie so sehr?“

Ilka Graf rang nach Worten und schluchzte leise. „Ich wusste nicht, dass Karl meinen Bruder erpresst hat! Warum nur? Warum hat er das getan?“

Schulz spürte, wie schwer es für Ilka Graf war, diese belastenden Fragen zu stellen, und gab keine sofortige Antwort. Stattdessen ließ er ihr Raum für ihre Gefühle und Gedanken. Er war gespannt darauf, die Hintergründe zu erfahren. „Warum hatte Karl Kaufner geschrieben, dass Sie unschuldig seien? Was genau hatte er damit gemeint?“

Ilka Graf schniefte leise und wischte sich mit einem Taschentuch die Tränen aus den Augen. Dann begann sie zu erklären: „Karl hatte von mir Insiderwissen erhalten. Ich konnte jedoch nicht ahnen, dass er diese Informationen ausnutzen würde, als ich ihm von unserem Heimroboter Robi erzählte. Vielleicht war ich zu naiv und habe mein Wissen zu leichtfertig preisgegeben. Ich erzählte ihm von der Firma, die erst vor Kurzem an die Börse gegangen war und bereits nach wenigen Monaten erhebliche Gewinne verzeichnete. Ich erklärte ihm auch, was eine KI ist und wie Robi seine Fähigkeiten entwickelt hat. Karl war fasziniert von all dem." Ilka seufzte und fügte hinzu: „Im Nachhinein betrachtet war es wohl mein größter Fehler, ihm von Robi und seinen Talenten zu erzählen." Wagner und Schulz hörten gespannt zu, während Ilka Graf versuchte, die Ereignisse zu rekonstruieren. Sie wollte kein Detail vergessen.

„Es war an einem Abend, als ich Karl von unserem Roboter erzählte. Wir hatten ihn angeschafft, um unseren Heimbewohnern Freude zu bereiten und das Pflegepersonal zu unterstützen, ich habe es Ihnen bei dem Besuch in unserer Seniorenresidenz auch gezeigt", erklärte sie. „Karl war begeistert, als ich ihm von der künstlichen Intelligenz erzählte, die bei den Senioren zum Einsatz kam. Als er mich dann fragte, welche Firma den Roboter herstellt, nannte ich ihm sofort den Namen. Ich sah keinen Grund, es geheim zu halten."

Ilka Graf holte tief Luft und fuhr fort: „Daraufhin begann Karl, sich intensiv mit der Firma auseinanderzusetzen. Es entwickelte sich eine Art Faszination für die Firma Robinci, und er erzählte meinem Bruder davon. Schließlich beschlossen die beiden, Aktien zu kaufen. Ich selbst habe keine Ahnung von Aktien und den damit verbundenen Summen. Aber es berührte mich, wie sehr Karl von unseren

Robotern begeistert war." Mit einem nachdenklichen Blick fuhr Ilka Graf fort: „Es gab einen Moment, als wir unseren Heimroboter zu mir nach Hause holten. Ich zeigte Karl, wie einfach es ist, Robi neue Dinge beizubringen. Er hatte Freude daran, Robi mit Informationen zu füttern. Deshalb brachte ich Robi öfter zu Karl. Sie wissen, es ist sehr zeitintensiv, einem Roboter Gefühle und Zuneigung beizubringen", erklärte ich.

Schulz räusperte sich und fragte: „Handelt es sich um denselben Roboter, der aggressiv wurde, wie Sie es uns erzählt haben?"

Ilka Graf nickte und antwortete: „Ja, genau der. Es war ein Vorfall, bei dem Robi außer Kontrolle geriet. Es war beängstigend, aber wir haben das Problem behoben."

„Wer ist denn wir?"

„Karl und ich."

„Ich nehme an, dass niemand von der Seniorenresidenz wusste, dass Sie einfach den Roboter mit nach Hause genommen haben, Stimmt das?"

„Ja, es stimmt. Karl wollte wissen, wie es ist, so einen Roboter anzulernen, also brachte ich Robi nicht zur Firma, sondern zu Karl."

„Dafür haben Sie den Karton aus Ihrem Keller benutzt, oder?"

„Ja, das stimmt."

Schulz fragte weiter: „Wann hatte Herr Karl Kaufner dann das letzte Mal den Roboter in seiner Wohnung?“

Ilka Graf senkte den Kopf und antwortete leise: „Am Sonntag, den 10. Juni 2022.“

„Was?!“, riefen wie aus der Pistole geschossen beide Polizisten. „Herrschaftszeiten warum haben Sie uns das nicht früher erzählt?“

Ilka Graf hob den Blick und erklärte zögernd: „Ich war mir bewusst, dass Robi nichts in Karls Wohnung zu suchen hatte. Wie sollte ich das meiner Vorgesetzten erklären? Haben Sie eine Vorstellung, wie teuer so ein Roboter ist? Das hätte mich meinen Job gekostet.“

Schulz wollte weitere Informationen und fragte: „Wann haben Sie Robi aus Karls Wohnung geholt?“

Während Wagner ungläubig daneben saß, wartete er auf die Antwort. Ilka Graf zögerte und antwortete dann: „Nachdem ich Petra Ingmann aus Karls Wohnung kommen sah.“

Wagner fand endlich seine Sprache wieder: „Lebte Karl Kaufner da noch?“ Er wollte die Frage noch einmal stellen, als Ilka Graf plötzlich antwortete: „Nein, Karl war tot.“

„Sie haben einfach Robi in Ihren Schrank gestellt und am nächsten Tag erst die Polizei angerufen?“, fragte Schulz ungläubig.

Ilka Graf nickte ernst und antwortete: „Ja, genau so war es.“

Wagner war verwirrt und fragte weiter: „Die Spurensicherung hat keinen Roboter bei Ihnen in der Wohnung gefunden. Warum nicht?“

„Ich habe Robi am Montagmorgen ganz normal in die Seniorenresidenz gebracht“, erklärte Ilka Graf. „Da ich wusste, dass er als Spielzeugroboter in der Einrichtung beliebt war, habe ich ihn dorthin zurückgebracht, nachdem das schreckliche Geschehen am Sonntag passiert war. Ich dachte, es wäre am besten, ihn aus meiner Wohnung zu entfernen.“

Wagner setzte die Befragung fort: „Haben Sie Karl Kaufner angefasst?“

Ilka Graf schüttelte den Kopf und antwortete entschieden: „Nein, ich habe ihn nicht berührt.“

Wagner fragte weiter: „Woher wussten Sie dann, dass er tot war?“

Ilka Graf antwortete leise: „Ich wusste es, weil er nicht mehr atmete.“

Wagner reagierte empört: „Sie haben uns angelogen und unsere Ermittlungen erheblich behindert! Warum haben Sie uns belogen?“

Ilka Graf antwortete verzweifelt: „Ich hatte Angst! Ich wusste nicht, wie ich Ihnen alles erklären sollte. Ich war überfordert und wusste nicht, wie ich mit der Situation umgehen sollte.“

Schulz bohrte weiter nach: „Wie sind Sie denn in die Wohnung von Herrn Kaufner gelangt, wenn Sie keinen Schlüssel hatten?“

Ilka Graf zögerte einen Moment und antwortete dann: „Die Tür stand offen.“

Schulz hakte nach und fragte eindringlich: „Ist das jetzt die ganze Wahrheit oder verschweigen Sie uns noch etwas?“

Ilka Graf antwortete bestimmt: „Nein, das ist alles.“

„Gut“, sagte Wagner, „dann lassen wir den Roboter aus der Seniorenresidenz abholen und lassen ihn von unserer Technik untersuchen.“

Wagner druckte das Protokoll aus und ließ es von Ilka Graf unterschreiben. Nachdem Frau Graf das Revier verlassen hatte, wandte sich Schulz an Wagner: „Willst du Petra Ingmann in unser Büro bitten oder sollen wir zu ihr hinfahren?“

Wagner überlegte kurz und antwortete: „Ich bestelle sie für morgen früh hierher. Wir sollten ihre Aussage so schnell wie möglich aufnehmen.“

Mit einem mulmigen Gefühl machte ich mich auf den Weg zum Revier. Ich bat diesmal Henry nicht um Beistand. Schon der Anblick des Reviers verursachte ein unbehagliches Gefühl in meinem Magen. Als ich das Revier betrat, herrschte wie immer reges Treiben. Ich ging zum Empfangstresen und informierte den Beamten, dass die Polizisten Schulz und Wagner auf mich warteten. Der Beamte telefonierte und bat mich anschließend, einen Moment Platz zu nehmen. Ich würde gleich abgeholt werden.

Die Zeit kam mir wieder einmal endlos vor, doch schließlich näherte sich Herr Wagner mit schnellen Schritten. „Guten Morgen, Frau Ingmann. Schön, dass Sie den Weg noch einmal zu uns gefunden haben“, begrüßte er mich.

„Ja, obwohl ich ehrlich gesagt nicht weiß, warum ich hier bin“, antwortete ich nervös.

Wagner lächelte leicht und erklärte: „Wir haben noch ein paar Fragen, nicht mehr und nicht weniger.“

Seine Art beruhigte mich ein wenig, aber dennoch spürte ich eine gewisse Anspannung.

Ich betrat den Raum und nahm nervös auf dem vordersten Stuhl Platz. Meine Handtasche hielt ich fest auf meinem Schoß, beinahe schon verkrampft.

„Wie ich schon sagte, wir haben noch ein paar Fragen“, erklärte er. „Frau Ingmann, bitte erzählen Sie uns noch einmal ihre Version, wie es am 10. Juni 2022 bei Ihrem Besuch bei Herrn Kaufner war. Bitte erwähnen Sie jedes Detail, auch wenn es für Sie unwichtig ist.“

Ich atmete tief ein und begann, meine Version des Geschehens am 10. Juni 2022 bei meinem Besuch bei Herrn Kaufner zu erzählen. „Also, es war ein Sonntagmorgen, und ich beschloss, zu Karl zu gehen, weil ich verstehen wollte, warum er die Beziehung beendet hatte“, begann ich. „Ich weiß, dass er es bereits am 15. Mai über WhatsApp mitgeteilt hatte, aber ich brauchte Zeit für mich, um darüber nachzudenken. Als ich in seine Wohnung trat, spürte ich eine ungewöhnliche Spannung in der Luft“, fuhr ich fort. „Ich wollte unbedingt eine Aussprache mit ihm. Ich fragte ihn, ob wir uns setzen und über unsere Situation reden könnten. Karl wirkte distanziert und ernst, während er mir erklärte, dass er sich verändert habe und dass unsere Beziehung nicht mehr funktionieren könne. Er warf mir vor, nicht genug auf seine Bedürfnisse eingegangen zu sein, und bemängelte verschiedene Kleinigkeiten, wie zum Beispiel meine Kritik an seinem schlürfenden Kaffeetrinken oder meiner Meinung nach unpassender Schuhwahl zu seiner Garderobe. Es schien, als ob diese vermeintlichen Nichtigkeiten zu einem größeren Problem zwischen uns geworden waren. In diesem Moment entdeckte ich den Roboter in der Wohnung. Ich fragte ihn, ob das sein neues Spielzeug sei. Darauf antwortete er: Nicht nur Spielzeug, sondern auch eine Geldmaschine! Du wirst sehen, ich werde damit reich werden. Ich erwiderte etwas wie: Na, dann bin ich mal gespannt. Du nimmst den Mund wieder sehr voll, sagte ich provozierend. Karl konterte und meinte, dass ich mich auch nicht zum Besseren verändert hätte. Es wurde immer schlimmer, wir gerieten in einen Streit und beschuldigten uns gegenseitig. Schließlich hatte ich genug von seinen Gemeinheiten und schrie ihn an, dass es gut sei, dass er Schluss gemacht hatte, sonst hätte ich es jetzt getan. Außerdem werde er das noch bereuen. Nach diesem Satz begann der Roboter sich zu bewegen. Karl reagierte als Erster und rief: Schnell, Petra, lauf! Zu diesem Zeitpunkt war zwischen uns bereits alles gesagt worden, also verließ ich die Wohnung. Ich betone noch einmal: Ich ging hinaus, Karl lebte zu diesem Zeitpunkt noch."

„Gingen oder liefen Sie aus der Wohnung?", fragte Schulz.

„Ich ging, aber sehr schnell", antwortete ich.

„Haben Sie die Wohnungstür hinter sich geschlossen?", fragte Herr Wagner.

Ich überlegte einen Moment und antwortete dann: „Nein, ich glaube, ich habe sie einfach zugezogen, aber ich kann nicht mit Sicherheit sagen, ob sie richtig ins Schloss gefallen ist."

„Frau Ingmann, bitte verstehen Sie diese Frage nicht falsch", sagte Herr Wagner mit einem einfühlsamen Ton. „Hatten Sie möglicherweise das Gefühl, dass der Roboter eine Bedrohung für Sie war?"

Ich überlegte einen Moment und antwortete: „Nein, eigentlich nicht. Der Roboter schien mir eher wie ein technisches Spielzeug, das Karl sich zugelegt hatte. Ich dachte, er könnte ihn einfach ausschalten, wenn er wollte."

Herr Schulz hob eine Augenbraue und fragte genauer nach: „Aber wie haben Sie die Reaktion von Karl und des Roboters wahrgenommen, als Sie sich zur Tür begaben? Wo befanden sie sich jeweils?"

Ich ließ meinen Blick in die Vergangenheit schweifen und versuchte, die Erinnerung lebendig werden zu lassen. „Als ich mich zur Tür begab, erinnere ich mich daran, dass Karl mir folgte. Der Roboter befand sich ebenfalls in Bewegung, er wirkte irgendwie agiler als zuvor. Es schien fast so, als ob er versuchte, mit uns Schritt zu halten."

Wagner nickte nachdenklich und drückte die Stopptaste vom Aufnahmegerät. „Vielen Dank, Frau Ingmann", sagte er und begleitete mich zur Tür. „Schade, dass Sie uns diese wichtigen Details nicht bei Ihrer ersten Vernehmung mitgeteilt haben."

Ich nickte verstehend und antwortete: „Ja, ich habe dem Roboter keine Bedeutung beigemessen. Tut mir leid, wenn das ein wichtiger Hinweis war. Als Karl plötzlich rief: Petra, lauf!, spürte ich eine gewisse Unruhe in mir aufkommen. Ich fragte mich, ob Karl einfach genug von mir hatte und mich auf diese Art und Weise loswerden wollte."

Herr Wagner wünschte mir einen guten Tag und verabschiedete sich. Als ich das Revier verließ, spürte ich eine gewisse Erleichterung. Doch meine Gedanken wanderten bereits zu dem bevorstehenden Abend. Henry würde zu mir zum Abendessen kommen und ich spürte die Vorfreude. Ein Lächeln legte sich auf mein Gesicht, während ich mir vorstellte, wie wir zusammen einen gemütlichen Abend verbringen würden.

Inzwischen hatte Schulz, der noch immer an seinem Platz saß, eine Frage an Wagner gerichtet: „Denkst du genauso wie ich?"

Neugierig fragte Wagner zurück: „Worüber genau denkst du nach, Schulz?"

Schulz überlegte einen Moment und antwortete: „Ich frage mich, wen wir jetzt verhaften sollen. Denjenigen, der die Roboter gebaut hat? Oder denjenigen, der die Roboter missbraucht? Oder vielleicht sogar Ilka Graf, weil sie den Roboter einfach in ihrer Wohnung hatte?"

Wagner zuckte leicht mit den Schultern und meinte: „Das sind wichtige Fragen. Morgen werde ich mich mit dem kriminaltechnischen Bericht befassen. Wir werden sehen, welche Ergebnisse dabei herauskommen. Aber ich kann mir durchaus vorstellen, dass die Antworten darauf spannend werden."

13. Der Bericht

Es vergingen zwei weitere Tage, bis der Bericht der kriminaltechnischen Untersuchung (KTU) vorlag. Wagner und Schulz saßen gespannt zusammen und betrachteten den Bericht. Plötzlich rief Schulz aufgeregt: „Los, Wagner, lies den spannenden Teil vor!“

Wagner schnappte sich den Bericht und begann zu lesen: „Der Bericht besagt, dass Karl Kaufner mit dem Arm des Roboters erschlagen wurde. Der Schlag war so heftig, dass er sofort an einer Gehirnblutung verstarb. Obwohl der Roboter sorgfältig gereinigt wurde, konnten Blutpartikel gefunden werden.“

Schulz unterbrach ihn sofort: „Den kann nur die Graf gereinigt haben!“

Wagner stimmte ihm zu und fuhr fort: „Ja, das denke ich auch. Aber warte, hier steht noch mehr. Bei der Auswertung der Roboter-Software wurde festgestellt, dass zwei Personen dem Roboter sowohl mit Worten als auch mit Emotionen gefüttert haben. Es handelte sich um eine weibliche und eine männliche Stimme. Um genau festzustellen, wer die Sprachbefehle eingegeben hat, ist ein Stimmabgleich erforderlich. Der letzte Befehl an den Roboter wurde von einer weiblichen Stimme gegeben und lautete: Robi, schlag heftig zu!“

Schulz war erschüttert von diesen Informationen: „Das ist wirklich schockierend", sagte er mit nachdenklichem Blick. „Angesichts der neuen Erkenntnisse sehe ich mich gezwungen, einen Haftbefehl gegen Ilka Graf zu beantragen." Er überlegte einen Moment und fuhr fort: „Allerdings kann nun ihr Bruder Michael Graf aus der Untersuchungshaft entlassen werden. Wir werden entsprechende Schritte einleiten."

Nach einer schier endlosen Wartezeit brach endlich der Tag der langersehnten Gerichtsverhandlung gegen Ilka Graf wegen des Totschlags an Karl Kaufner an. Der Gerichtssaal war erfüllt von einer dichten und spürbaren Spannung, als Wagner und Schulz sich im Publikum niederließen. Die erwartungsvollen Blicke der Anwesenden waren gebannt auf Ilka Graf gerichtet, die bereits im Vorfeld ein umfassendes Geständnis abgelegt hatte.

Die Atmosphäre im Saal war geladen, als Ilka Graf ihre Version der Ereignisse schilderte. Ihre Worte drangen wie Pfeile durch den Raum, während sie von den lauten und aufgebrachten Stimmen berichtete, die sie aus Karl Kaufners Wohnung gehört hatte. Jeder Atemzug schien von Eifersucht und Wut durchdrungen zu sein, als sie erklärte, wie sie sich von Karls Entscheidung, Petra Ingmann in seine Wohnung zu lassen, betrogen und gedemütigt gefühlt hatte. Dabei waren sie doch bereits getrennt gewesen! „Sie war die Ex!“ Die Emotionen schwangen hoch wie ein tobendes Meer.

Plötzlich hatte eine verzweifelte Stimme die Stille durchbrochen. „Lauf, Petra!“, hatte Karl Kaufner mit einer Mischung aus Panik und Entsetzen gerufen. Ilka Graf hatte von ihrer Wohnungstür mit weit aufgerissenen Augen beobachtet, wie Petra Ingmann eilig die Treppe hinuntergestürmt war. In diesem schicksalhaften Moment hatte Ilka der unbändige Wunsch übermannt, Karl zur Rechenschaft zu ziehen. Entschlossen war sie in Karls Wohnung getreten.

Bildlich konnte man sich das Szenario vorstellen, wie Karl inmitten des Wohnzimmers stand, den Roboter ausschalten wollte und dabei leicht gebückt war. Der Schalter befand sich am Rücken des Roboters, der zu diesem Zeitpunkt zu einer Bedrohung geworden war. In einem impulsiven Moment der Eifersucht schrie Ilka Graf die verhängnisvollen Worte: „Robi, schlag heftig zu!“ Die Zeit schien für einen kurzen Augenblick stillzustehen, als der Roboter seinen Arm hob und unerbittlich zuschlug. Erst als Ilka Graf den Anblick der klaffenden Wunde bei Karl sah, wurde ihr schmerzlich bewusst, welch schreckliche Konsequenzen ihre Handlung hatte.

Der Saal war erfüllt von einer beklemmenden Stille, als die Worte von Ilka Graf nachhallten. Die Spannung war förmlich greifbar, während die Zuhörer versuchten, das Ausmaß dieser tragischen Tat zu begreifen. Ilka Graf konnte ihre Reue nicht verbergen, als sie den Preis ihrer Eifersucht erkannte und sich nun den Konsequenzen stellen musste.

Schließlich erging das Urteil des Gerichts: Sieben Jahre Freiheitsstrafe für Ilka Graf, jedoch mit der Möglichkeit einer vorzeitigen Entlassung nach fünf Jahren bei guter Führung. Das Gericht würdigte ihre bisherige makellose Lebensführung und ihr einwandfreies Führungszeugnis, wodurch eine Chance zur Rehabilitation und Wiedereingliederung in die Gesellschaft gegeben wurde.

Wagner und Schulz konnten sich ein leichtes Lächeln nicht verkneifen, als sie erkannten, dass der Fall nun endlich abgeschlossen war. Sie fühlten eine gewisse Erleichterung darüber, dass sie keinen ungelösten Fall auf ihrem Tisch hatten. Die monatelangen Ermittlungen, die zahlreichen Vernehmungen und die Aufarbeitung der Beweismittel hatten sich gelohnt. Sie hatten dem Opfer, Karl Kaufner, Gerechtigkeit verschafft.

Die Frage nach den 190.000 Euro blieb bislang unbeantwortet und hing wie ein Damoklesschwert über der Geschichte. Doch dann, eines Tages, erschien eine Schlagzeile in einem Tagesblatt, die alles veränderte: „Arbeitsloser findet 190.000 Euro im Sperrmüll“. Diese Nachricht schlug wie eine Bombe ein und weckte das Interesse von Wagner, der sich entschloss, sich für den arbeitslosen Finder einzusetzen.

Nach gründlichen Untersuchungen, Fingerabdrücken und der intensiven Befragung von Zeugen wurde klar, dass das gefundene Geld tatsächlich Karl Kaufner gehört hatte. Es war ein rätselhafter Fund, der darauf hindeutete, dass Karl das Geld auf ungewöhnliche Weise versteckt hatte. Als Beweis diente ein Teil einer Holzgardinenstange, der eindeutig Karl Kaufner zugeordnet werden konnte.

ÜBER die Autorin

Mein Name ist Pia Herzog, 63 Jahre jung. Ich wohne seit meinem 17. Lebensjahr im Landkreis Schaumburg.

Weitere Bücher von mir, die im Rediroma-Verlag erschienen sind:
ANGSTSCHWEISS AUF DER HAUT
ISBN 978-3-98527-042-2
RAUS AUS DER GEWALT
ISBN 978-3-98527-257-0
LEBEN OHNE VERGANGENHEIT
ISBN 978-3-98527-460-4
Wirklich weg?
ISBN 978-3-98527-761-2

Liebe Leser,

Wenn euch das Buch gefallen hat und ihr Zeit findet, wäre ich über eine Bewertung im Netz sehr dankbar. Eure Meinung ist für mich als Autorin von unschätzbarem Wert.

Danke, dass ihr euch die Zeit genommen habt, mein Buch zu lesen.

Dieses Buch ist eine freie Erfindung von mir, Namensgleichheit mit lebendenden Personen sind von mir nicht beabsichtigt und wären absolut zufällig.

Wer mehr über meine Veröffentlichungen erfahren möchte, kann das auch ganz bequem über die nachfolgende Homepage machen.

https://www.pia-herzog.de/